もくじ

教育出版版 英語 1年

リスニング音声は
こちらから聞けるよ！

音声をwebサイトよりダウンロードする
ときのパスワードは『**9J73Y**』です。

テストの範囲や
学習予定日を
かこう！

学習計画	
出題範囲	学習予定日
5/14	5/10
テストの日	5/11

Lesson 1

Hello, New Friends ①

テストに出る！ ココが要点＆チェック！

英語での自己紹介 (しょうかい)

教 p.12〜p.21

1 「私は〜です」の言い方

➡★(1)

初対面の相手に自己紹介をするときは，I'm 〜.「私は〜です」と言い，呼び名やあいさつの表現を続けるとよい。

Hello. **I'm** Ono Ayaka.　　こんにちは。私はオノアヤカです。
└▶ I'm = I am

Please call me Aya.　　私をアヤと呼んでください。
└▶ Please 〜.「〜してください。」

Nice to meet you.　　はじめまして。

── 人に何かをお願いするとき ──
「〜してください」と相手にお願いするときは，Please のあとに動詞の原形（そのままの形）を続ける。Call me Aya, please. のように，，please を最後につけてもよい。

「何は〜する」を表す文

教 p.12〜p.21

2 「私は〜します」の言い方

➡★(2)

「私は〜します」と言うときは，I のあとに一般動詞（動作や気持ちなどを表す動詞）を続ける。

I like music.　　私は音楽が好きです。
└▶ like（一般動詞）＝「〜を好む，〜が好きである」

I play the piano.　　私はピアノを弾きます。
└▶ play（一般動詞）＝「（楽器を）弾く」

「何は〜だ」を表す文

教 p.12〜p.21

3 「…は〜です」の言い方

➡★(3)

「…は〜です」と言うときは，be 動詞(am, is, are)を使って表す。be 動詞のあとには名詞や形容詞が続く。

My favorite subject **is** P.E.　　私の大好きな教科は体育です。
be 動詞◀ └▶名詞

It's exciting.　　それはわくわくさせます。
└▶ It's = it is └▶形容詞

☆チェック！　（　）内から適する語を選びなさい。

1 □ (1) I (am / is) Suzuki Kumi.　　　　私はスズキクミです。

2 □ (2) I (like / am) science.　　　　私は理科が好きです。

3 □ (3) My favorite word (is / are) "dream."　　私の大好きなことばは「夢」です。

☆チェック！ の答えは次ページ ➡

テスト対策問題

1 (1)〜(4)は単語の意味を書きなさい。(5),(6)は日本語を英語にしなさい。

(1) call （　　　　　　） (2) exciting （　　　　　　）

(3) join （　　　　　　） (4) P.E. （　　　　　　）

(5) おもしろい＿＿＿＿＿ (6) 野球 ＿＿＿＿＿＿＿

2 次の日本文にあうように，＿＿に適する語を書きなさい。

(1) (相手の言ったことに対して)それはすてきですね。

＿＿＿＿＿ ＿＿＿＿＿.

(2) 私はカトウマイです。

＿＿＿＿＿ ＿＿＿＿＿ Kato Mai.

(3) 私はリンゴが好きです。

＿＿＿＿＿ ＿＿＿＿＿ apples.

3 次の対話が成り立つように，＿＿に適する語を書きなさい。

Yuki: Hello. (1) ＿＿＿＿＿ Sato Yukiko.

（私はサトウユキコです。）

(2) ＿＿＿＿＿ ＿＿＿＿＿ me Yuki.

（私をユキと呼んでください。）

Bob: OK, Yuki.

4 次の日本文を英語になおしなさい。

(1) お会いできてうれしいです。

(2) ((1)に対して)こちらこそ，お会いできてうれしいです。

(3) 私の大好きな教科は音楽です。

テスト対策ナビ

1 重要単語
(5)英語のつづりが長いので注意しよう。

2 重要表現
(1)「すてきな」は nice。

(2)「私は〜です」と言うときは，I のあとに be 動詞を続ける。

(3)「〜が好きである」は一般動詞 like を使って表す。

3 会話表現
(1)空所が1つなので，短くした形を使う。

ポイント
人に何かをお願いするときは，please をつける。I や You などの主語はつけない。

4 英作文

(2)「こちらこそ」は「〜も(また)」という意味の too を使う。

(3)「大好きな」は favorite。

テストに出る！

予想問題

Lesson 1
Hello, New Friends ①

⏱ 30分

/100点

🎵 **1** 英文を聞いて，絵がその内容にあうものには〇を，あわないものには×を書きなさい。

♪ a01 3点×3〔9点〕

(1) (　　　)

(2) (　　　)

(3) (　　　)

2 次の日本文にあうように，＿＿に適する語を書きなさい。　　　5点×5〔25点〕

(1) 質問はありますか。

＿＿＿＿＿ ＿＿＿＿＿？

ミス注意! (2) ぼくはマエダタクです。

＿＿＿＿＿ Maeda Taku.

(3) 私は理科が好きです。

＿＿＿＿＿ ＿＿＿＿＿ science.

(4) ① お会いできてうれしいです。

＿＿＿＿＿ to ＿＿＿＿＿ you.

② 一私もお会いできてうれしいです。

— ＿＿＿＿＿ to ＿＿＿＿＿ you, ＿＿＿＿＿.

よく出る **3** 〔　〕内の語句を並べかえて，日本文にあう英文を書きなさい。　　　5点×2〔10点〕

(1) 私はヤマダユウコです。　〔 I / Yamada Yuko / am 〕.

(2) ぼくをケンと呼んでください。　〔 me / please / Ken / call 〕.

4

4 次の対話文を読んで，あとの問いに答えなさい。〔23点〕

> *Bob:* I'm Robert West. ①(　　　　) call me Bob.
> ② My 〔 subject / science / favorite / is 〕.
> *Aya:* Oh, you like science. Great!
> ③ Nice to meet you, Bob.

(1) 下線部①が「私をボブと呼んでください。」という意味になるように，（　）に適する語を書きなさい。〈5点〉

(2) 下線部②が「私の大好きな教科は理科です。」という意味になるように，〔　〕内の語を並べかえなさい。〈7点〉

　　My _____ .

(3) 下線部③を日本語になおしなさい。〈7点〉

　　(　　　　　　　　　　　　　　　　　　　)

(4) アヤはボブの大好きな教科を聞いてどのように感じましたか。ア〜ウから選び，記号で答えなさい。〈4点〉

　　ア　わくわくする　　イ　すばらしい　　ウ　おもしろい　　(　　　)

5 メモを見て，リョウタになったつもりで，____に適する語を入れて，自己紹介する文を完成させなさい。6点×2〔12点〕

Hello, I am Sasaki Ryota.

(1) _____ _____ me Ryo.

(2) My _____ sport _____ baseball.

> メモ
> ・名前はササキリョウタ
> ・リョウと呼んでほしい
> ・大好きなスポーツは野球

6 次のようなとき，英語でどのように言うか書きなさい。7点×3〔21点〕

(1) 相手の言ったことに対して「それはすてきですね」と2語で言うとき。

(2) 自分はピアノを弾くと言うとき。

(3) 自分はカレーライスが好きだと言うとき。

Lesson 1

Hello, New Friends ②

テストに出る！ **ココが要点＆チェック！**

「〜すること」の表し方

 教 p.12〜p.21

1 動詞の -ing 形 →★(1)

「〜すること」は，動詞のあとに -ing をつけて表す。動詞 -ing は文の中で，動詞が表す動作の対象となる。

I like baseball. 私は野球が好きです。
名詞：動詞 like の対象

I like playing baseball. 私は野球をすることが好きです。
動詞 -ing：動詞 like の対象

┌─ 動詞-ing のつくり方 ─┐
そのまま ing をつける　play → playing
　　　　　　　　　　　　read → reading
e をとって ing をつける　write → writing
最後の文字を重ねる　swim（泳ぐ）→ swimming

2 〈to＋動詞の原形〉 →★(2)

「〜すること」は〈to＋動詞の原形（そのままの形）〉で表すこともできる。〈to＋動詞の原形〉は文の中で，動詞が表す動作の対象となる。

I want to join the baseball team. 私は野球チームに参加したいです。
〈to＋動詞の原形〉：動詞 want の対象

疑問詞を使った疑問文

教 p.12〜p.21

3 what や who で始まる疑問文 →★(3)〜(6)

「何」や「だれ」などとたずねる場合は，what や who などの疑問詞を疑問文の始めに置く。答えるときは，Yes や No ではなく，具体的に「何」「だれ」などを答える。

What is your favorite food? — It's sushi.
「何」 be 動詞　主語　　　　　　　　　　食べもの

あなたの大好きな食べものは何ですか。 — すしです。

Who is your favorite tennis player? — I like Kei.
「だれ」 be 動詞　主語　　　　　　　　　　選手の名前

あなたの大好きなテニス選手はだれですか。 — 私はケイが好きです。

When is your birthday? — It's November 24th.
「いつ」 be 動詞　主語　　　　　　　　　　誕生日

あなたの誕生日はいつですか。 — 11 月 24 日です。

Where do you study? — I study in my room.
「どこ」 do 主語 一般動詞　　　　　　　　勉強する場所

あなたはどこで勉強しますか。 — 私は私の部屋で勉強します。

┌─ ここがポイント ─┐
・be 動詞（am, are, is）を用いた文では主語の前に be 動詞を置く。
・一般動詞を用いた文では主語の前に do などを置く。

4 〈what＋名詞〉で始まる疑問文　⇒★(7)(8)

「何の[どんな]〜」とたずねるときは，〈What＋名詞〉を文の始めに置く。「何時(に)」は What time で表す。

What do you like?　　あなたは何が好きですか。

　　⇩ くだものに限定してたずねる

What fruit do you like?　　— I like <u>apples</u>.
〈what＋名詞〉「何のくだもの」　　　　　　　　　　くだもの名

あなたは何のくだものが好きですか。　　— 私はリンゴが好きです。

What time do you eat breakfast?　　— I eat breakfast <u>at 5:00</u>.
what time「何時に」　　　　　　　　　　　　　　　　〈at＋時刻〉

あなたは何時に朝食を食べますか。　　— 私は 5 時に朝食を食べます。

5 〈how＋形容詞〉で始まる疑問文　⇒★(9)(10)

年齢(ねんれい)や数をたずねるときは，how「どれほど，どのくらい」を使う。「何歳(さい)ですか」は How old，「いくつの」は How many を文の始めに置く。

How old is your mother?　　— She is <u>46</u>.
how old「どのくらいの年齢」＝「何歳」　　　　　　年齢

あなたのお母さんは何歳ですか。　　— 彼女は 46 歳です。

　　　　　　　▶数えられる名詞の複数形

How many <u>caps</u> do you have?　　— I have <u>5</u> caps.
how many「どのくらい多くの」＝「いくつの」　　　　　数

あなたは何個の帽子(ぼうし)を持っていますか。　　— 私は 5 個の帽子を持っています。

☆チェック!　( )内から適する語を選びなさい。

1 □ (1) I like (play / playing) the piano.　　私はピアノを弾(ひ)くことが好きです。

2 □ (2) I want (read / to read) the book.　　私はその本を読みたいです。

3
□ (3) (What / When) is your favorite food?　　あなたの大好きな食べものは何ですか。
□ (4) (Where / Who) is your English teacher?　　あなたの英語の先生はだれですか。
□ (5) (What / When) is the soccer game?　　サッカーの試合はいつですか。
□ (6) (Where / Who) do you play soccer?　　あなたはどこでサッカーをしますか。

4
□ (7) (What / How) animal do you like?　　あなたは何の動物が好きですか。
□ (8) (Time what / What time) do you cook dinner?　　あなたは何時に夕食を料理しますか。

5
□ (9) (When / How) old is your dog?　　あなたのイヌは何歳ですか。
□ (10) How (many / old) brothers do you have?　　あなたには何人の兄弟がいますか。

☆チェック! の答えは次ページ ⇨

7

テスト対策問題

🎵 リスニング

♪ a02

1 対話を聞いて，その内容に適するものを一つ選び，記号で答えなさい。

(1) アヤの大好きな教科は（ア　英語　　イ　理科　　ウ　社会）です。　　　（　　）

(2) アヤがするスポーツは（ア　野球　　イ　テニス　　ウ　サッカー）です。（　　）

(3) アヤは自分がするスポーツについて，（ア　おもしろい　　イ　わくわくする

ウ　難しい）と言っています。　　　　　　　　　　　　　　　　　　（　　）

2 (1)〜(4)は単語の意味を書きなさい。(5), (6)は日本語を英語にしなさい。

(1) free 　　（　　　　　　　）　　(2) yourself （　　　　　　　）

(3) octopus （　　　　　　　）　　(4) surfing 　（　　　　　　　）

(5) 生徒, 学生 ＿＿＿＿＿＿＿　　(6) 人気がある ＿＿＿＿＿＿＿

2　重要単語
(6)英語のつづりがやや難しいので注意しよう。

3 次の日本文にあうように，┈┈に適する語を書きなさい。

(1) ごきげんいかがですか。

＿＿＿＿＿＿ ＿＿＿＿＿＿ you?

(2) 私は漢字を少し書くことができます。

I can write *kanji* ＿＿＿＿＿ ＿＿＿＿＿.

(3) 私たちの体育の授業で会いましょう。

＿＿＿＿＿ ＿＿＿＿＿ in our P.E. class.

3　重要表現
(1)あいさつの表現。この how は「どんなふうで」と状態を表す。

(2)a little は動詞につく語句で，程度を表す。

4 次の文を（　）内の指示にしたがって書きかえるとき，┈┈に適する語を書きなさい。

(1) I like English. （「勉強すること」を加えた文に）

I like ＿＿＿＿＿ English.

(2) I love watching movies. （ほぼ同じ意味の文に）

I love ＿＿＿＿＿ ＿＿＿＿＿ movies.

4　「〜すること」

(1)空所が1つなので，動詞 study（勉強する）に ing をつける。

ミス注意！
この to のあとは必ず動詞の原形（そのままの形）になるので，to watching としないように注意する。

p.7 答　(1) playing　(2) to read　(3) What　(4) Who　(5) When　(6) Where　(7) What　(8) What time
(9) How　(10) many

5 次の英文を読んで，あとの問いに答えなさい。

> I like ①(play) baseball.
> ② 〔 want / join / I / to 〕the baseball team.
> My favorite subject is P.E. It's ③ (わくわくさせるような).
> Thank you. Any questions?

(1) ①の( )内の語を適する1語に書きかえなさい。＿＿＿＿＿＿

(2) 下線部②が「私は野球チームに参加したいです。」という意味になるように，〔 〕内の語を並べかえなさい。

＿＿＿＿＿＿＿＿＿＿＿＿＿ the baseball team.

(3) 下線部③を英語になおしなさい。＿＿＿＿＿＿

6 次の対話が成り立つように，＿＿に適する語を書きなさい。

Bob: (1) ＿＿＿＿＿ is the girl?

（その女の子はだれ？）

Yuka: She is my sister, Kumi.

Bob: (2) ＿＿＿＿ ＿＿＿＿ is she?

（彼女は何歳_{さい}？）

Yuka: She is eighteen.

7 次の日本文を英語になおしなさい。

(1) あなたはどこで昼食を食べますか。

(2) あなたは何色が好きですか。

(3) あなたは何本のペンを持っていますか。

5 本文の理解

(1)「～すること」の形にする。
(2)「～したい」＝want to ～

6 会話表現

おぼえよう！

いろいろな疑問詞
what（どんなもの・何）
who（どんな人・だれ）
where（どんな場所・どこ）
when（どんなとき・いつ）
how（どんな方法・様子）

7 英作文

(1)「どこ」と場所をたずねるときは，where を使ってたずねる。

(2)「何色」は「何の色」と考え，〈what＋名詞〉を使ってたずねる。

(3)「何本の」は「どのくらい多くの」と考え，how many を使ってたずねる。

テストに出る！
予想問題

Lesson 1
Hello, New Friends ②

⏱ 30分

/100点

🎵 **1** 対話を聞いて，その内容にあう絵を一つ選び，記号で答えなさい。　　♪ a03　〔5点〕

（　　　）

2 次の日本文にあうように，＿＿＿に適する語を書きなさい。　　5点×5〔25点〕

(1) あなたのネコの名前は何ですか。

＿＿＿＿＿＿＿＿＿ is your cat's name?

(2) あなたの誕生日はいつですか。

＿＿＿＿＿＿＿ ＿＿＿＿＿＿＿ your birthday?

(3) 私は本を読むことが好きです。

I ＿＿＿＿＿＿＿ ＿＿＿＿＿＿＿ books.

ミス
注意！ (4) ① あなたはイヌを何匹飼っていますか。

＿＿＿＿＿＿＿ ＿＿＿＿＿＿＿ ＿＿＿＿＿＿＿ do you have?

② 一私はイヌを飼っていません。

— I have ＿＿＿＿＿＿＿ dogs.

よく
出る **3** 〔　　〕内の語を並べかえて，日本文にあう英文を書きなさい。　　5点×3〔15点〕

(1) 私をメイと呼んでね。　〔 call / please / Mei / me 〕.

(2) あなたの大好きな映画は何ですか。　〔 is / movie / your / what / favorite 〕?

(3) 私は魚を食べたいです。　〔 to / fish / I / eat / want 〕.

4 次のキング先生が書いた英文を読んで、あとの問いに答えなさい。　〔20点〕

> ① I am (　　　　) Sydney, Australia.
> ② I love playing sports. I like surfing. It's really exciting.
> ③ I can[Japanese / little / speak / a].
> My favorite word is "Arigato."

(1) 下線部①が「私はオーストラリアのシドニー出身です。」という意味になるように、(　)
に適する語を書きなさい。　　　　　　　　　　　　〈4点〉

(2) 下線部②を日本語になおしなさい。　〈6点〉
(　　　　　　　　　　　　　　　　　　　　　　　　　　　　　　)

(3) 下線部③が「私は日本語を少し話すことができます。」という意味になるように、[　]
内の語を並べかえなさい。　〈6点〉
I can _____.

(4) キング先生の大好きなことばは何ですか。日本語で書きなさい。　〈4点〉
(　　　　　　　　　　　　)

5 次の下線部をたずねる英文を書きなさい。　7点×2〔14点〕

(1) I have <u>12</u> pencils.

(2) I play basketball <u>in Midori Park</u>.

6 次のようなとき、英語でどのように言うか書きなさい。　7点×3〔21点〕

(1) 相手の大好きな野球選手がだれかたずねるとき。

(2) 相手の好きなスポーツが何かたずねるとき。

(3) 相手の祖母の年齢をたずねるとき。

Lesson 2

Talking with Friends ①

テストに出る！ ココが**要点**&**チェック！**

一般動詞を使った文

教 p.22〜p.33

1 「私は〜します」「私は〜しません」の表し方 →★オエフラ(1)(2)

be 動詞(am, is, are)以外の動詞を一般動詞といい，「私は〜します」と動作や気持ちなどを表す。「私は〜しません」と言うときは，I don't 〜. で表す。

I **like** dogs.　　　　　私はイヌが好きです。
└→一般動詞 like＝「〜を好む，〜が好きである」

I **don't** like dogs.　　　私はイヌが好きではありません。
└→don't を一般動詞の前に置く　※ don't は do not を短くした形

2 疑問文「あなたは〜しますか」の表し方 →★オエフラ(3)

一般動詞を使って「あなたは〜しますか」とたずねるときは，Do you 〜? で表す。

┌→do を you の前に置く　┌→疑問文の最後はクエスチョン・マーク
Do you like dogs**?**　　　　あなたはイヌが好きですか。

┌──────────→答えるときも do
— Yes, I **do**. / No, I **don't**.　　— はい，好きです。／
└──────────┘　　└→Yes や No のあとにはカンマ　　いいえ，好きではありません。

・── 疑問文の読み方 ──・
疑問詞を使った疑問文は，最後を下げて(↘)読むが，Do you 〜? の疑問文は最後を上げて(↗)読む。

be 動詞を使った文

教 p.22〜p.33

3 「私は〜です」「私は〜ではありません」の表し方 →★オエフラ(4)(5)

be 動詞を使って「私は〜です」と言うときは，I am[I'm] 〜. で表す。「私は〜ではありません」と言うときは，I am[I'm] not 〜. で表す。

I **am** good at swimming.　　　私は泳ぐのがじょうずです。
└→I「私は」＋am「〜です」　※ I am を短くした形 I'm を使うことも多い

I**'m not** good at swimming.　　私は泳ぐのがじょうずではありません。
└→not を I am[I'm]のあとに置く

4 疑問文「あなたは〜ですか」の表し方 →★オエフラ(6)

be 動詞を使って「あなたは〜ですか」とたずねるときは，Are you 〜? で表す。

┌→are を you の前に置く
Are you good at swimming**?**　　あなたは泳ぐのがじょうずですか。

┌───────→I am[I'm]を使う。(Yes, I am. の I am は短くした形にできない)
— Yes, I **am**. / No, **I'm** not.　　— はい，そうです。／ いいえ，そうではありません。

can を使った文

教 p.22〜p.33

5 「私は〜することができます」「私は〜することができません」の表し方 →★(7)(8)

「私は〜することができます」と言うときは，I can 〜. で表す。「私は〜することができません」
と言うときは，I cannot[can't] 〜. で表す。

┌──▶動詞はそのままの形
I can cook.　　　　私は料理をすることができます。
　└──▶can を動詞の前に置く

I cannot[can't] cook.　　　　私は料理をすることができません。
　　　└──▶cannot[can't]を動詞の前に置く

6 疑問文「あなたは〜することができますか」の表し方 →★(9)

「あなたは〜することができますか」とたずねるときは，Can you 〜? で表す。

┌──▶can を you の前に置く
Can you cook?　　　　あなたは料理をすることができますか。

┌──────────────────▶答えるときも can を使う　※ cannot = can't
— Yes, I can. / No, I cannot[can't].　— はい，できます。／ いいえ，できません。

◆ 覚える！ 小学校で習った一般動詞 ◆

cook	（〜を）料理する	dance	（〜を）踊る	eat	〜を食べる
enjoy	〜を楽しむ	have	〜を持っている	jump	跳ぶ
like	〜を好む	make	〜をつくる	play	〜を弾く，する
ride	〜に乗る	sing	（〜を）歌う	swim	泳ぐ
use	〜を使う，消費する	walk	歩く	write	〜を書く

- -

☆チェック！ （ ）内から適する語句を選びなさい。

1 □ (1) I (use / using) my computer every day.　　　私は毎日私のコンピュータを使います。

□ (2) I (am not / do not) like *natto*.　　　私は納豆が好きではありません。

2 □ (3) (You do / Do you) have a racket?　　　あなたはラケットを持っていますか。

3 □ (4) I (is / am) a doctor.　　　私は医者です。

□ (5) I'm (no / not) good at playing tennis.　　　私はテニスをするのがじょうずではありません。

4 □ (6) (Am / Are) you Mr. Kato?　　　あなたは加藤先生ですか。

5 □ (7) I can (swim / swimming) fast.　　　私は速く走ることができます。

□ (8) I (don't / can't) sing well.　　　私はじょうずに歌うことができません。

6 □ (9) (Are / Can) you ride a unicycle?　　　あなたは一輪車に乗ることができますか。

☆チェック！の答えは次ページ ➡

テスト対策問題

テスト対策☆ナビ

リスニング
♪ a04

1 英文を聞いて，絵がその内容にあうものには〇を，あわないものには×を書きなさい。

(1) (　　)　(2) (　　)　(3) (　　)

2 (1)〜(4)は単語の意味を書きなさい。(5), (6)は日本語を英語にしなさい。

(1) often （　　　　）　(2) fridge （　　　　）

(3) family （　　　　）　(4) anytime （　　　　）

(5) 早く _____　(6) メートル _____

2 重要単語
(5)英語のつづりがやや複雑なので注意しよう。

3 次の日本文にあうように，_____に適する語を書きなさい。

(1) 私は音楽を聞くことが好きです。

I like to _____ _____ music.

(2) 私はサッカーをするのがじょうずです。

I'm _____ _____ playing soccer.

(3) 私はふつう6時に起きます。

I usually _____ _____ at 6:00.

3 重要表現
(1) listen to 〜 は「〜を聞く」という意味。
(2) be good at 〜 は「〜がじょうずである」という意味。

ミス注意！
「〜するのがじょうずである」と言うときは，動詞を -ing 形にすることに注意。

4 次の文を（　）内の指示にしたがって書きかえるとき，_____に適する語を書きなさい。

(1) I use this racket. (「私は〜しません。」という意味の文に)

I _____ _____ this racket.

(2) I often eat cereal. (「あなたは〜しますか。」とたずねる文に)

_____ _____ often eat cereal?

4 一般動詞を使った文
(1)空らんが2つなので，do not を短くした形 don't を使う。
(2)一般動詞の疑問文は do を主語(you)の前に置く。

p.13 答　(1) use (2) do not (3) Do you (4) am (5) not (6) Are (7) swim (8) can't (9) Can

5 次の対話文を読んで，あとの問いに答えなさい。

Kenta: I love curry and rice.

Mei: Me, (①). ②( )( )( ) curry and rice at home?

Kenta: Yes, very often. ③I sometimes eat curry for breakfast.

---

(1) ①の( )に適する語を書きなさい。

(2) 下線部②が「あなたは家でカレーライスを食べますか。」という意味になるように，( )内に適する語を書きなさい。

(3) 下線部③の英文を日本語になおしなさい。

( )

6 次の対話が成り立つように，⚬⚬⚬⚬に適する語を書きなさい。

Koji: (1) ⚬⚬⚬⚬⚬⚬⚬⚬⚬ ⚬⚬⚬⚬⚬⚬⚬⚬⚬ swim, Cathy?

（君は泳ぐことができるの，キャシー？）

Cathy: Yes, I (2) ⚬⚬⚬⚬⚬⚬⚬⚬⚬.

（ええ，できるわ。）

(3) ⚬⚬⚬⚬⚬⚬⚬⚬⚬ good at swimming.

（私は泳ぐことがじょうずなの。）

Koji: That's great!

7 次の日本文を英語になおしなさい。

(1) あなたは昼食に何を食べますか。

(2) 私はオムレツをつくることができません。

(3) 私は中学生ではありません。

---

5 本文の理解

(1)「〜も（また）」という意味を表す語が入る。

(2)一般動詞の疑問文はdoを主語の前に置く。

(3) sometimesは「ときどき」という意味。

6 会話表現

おぼえよう！

相づちの表現

That's great.
（すばらしい。）

Really?
（本当に？）

You're right.
（あなたの言うとおりです。）

7 英作文

(1)「あなたは何を〜しますか。」とたずねるときは，whatのあとに一般動詞の疑問文を続ける。

(2)「私は〜することができません。」はcannot[can't]を使って表す。

(3)「私は〜ではありません。」はamを使って表す。「中学生」はjunior high school student。

テストに出る!
予想問題

Lesson 2
Talking with Friends ①

⏰ 30分

/100点

🎵 **1** 対話を聞いて，その内容に適するものを一つ選び，記号で答えなさい。 🎵 a05　2点×3〔6点〕

(1) ボブはスポーツが(ア　好きです　　イ　好きではありません)。　　　　　　(　　)

(2) ボブは(ア　バスケットボール　　イ　野球)チームに入っています。　　　(　　)

(3) ボブはサッカーが(ア　じょうずです　　イ　じょうずではありません)。　(　　)

2 次の日本文にあうように，＿＿に適する語を書きなさい。　　　　　　　　5点×5〔25点〕

(1) ① あなたは自転車を持っていますか。

＿＿＿＿＿＿ you ＿＿＿＿＿ a bicycle?

② ― はい，持っています。

― Yes, I ＿＿＿＿＿.

(2) ① あなたは英語を話すことができますか。

＿＿＿＿＿＿ you ＿＿＿＿＿ English?

② ― いいえ，できません。

― No, I ＿＿＿＿＿.

ミス
注意! (3) 私はアメリカ合衆国出身ではありません。

＿＿＿＿＿ ＿＿＿＿＿ from America.

よく
出る **3** 〔　〕内の語を並べかえて，日本文にあう英文を書きなさい。　　　5点×3〔15点〕

(1) 私は50メートル泳ぐことができます。　〔 swim / meters / I / 50 / can 〕.

(2) 私は毎日早く起きます。　〔 every / up / I / early / day / get 〕.

(3) あなたは踊ることがじょうずですか。　〔 at / are / good / dancing / you 〕?

4 次の対話文を読んで，あとの問いに答えなさい。　〔19点〕

> Aya: ① What do you do in your free time?
> Mei: I play chess. It's exciting.
> Aya: Oh, you play chess. ② [family / play / your / do / with / you]?
> Mei: No. I play it on the Internet. ③ I (　　　)(　　　) chess pieces.

(1) 下線部①を日本語になおしなさい。　〈5点〉
（　　　　　　　　　　　　　　　　　　　　　　　　　　）

(2) 下線部②が「あなたはあなたの家族と(チェスを)しますか。」という意味になるように，[　]内の語を並べかえなさい。　〈5点〉

(3) 下線部③が「私はチェスのこまを持っていません。」という意味になるように，(　)に適する語を書きなさい。　〈5点〉

(4) メイは何でチェスをしますか。日本語で書きなさい。　〈4点〉
（　　　　　　　　　　　　　　　　　　　　）

5 次の文を(　)内の指示にしたがって書きかえなさい。　7点×2〔14点〕
(1) I can write *kanji* well. (「私は～することができません。」という意味の文に)

(2) I'm an English teacher. (「あなたは～ですか。」とたずねる文に)

6 次のようなとき，英語でどのように言うか書きなさい。　7点×3〔21点〕
(1) 自分はテニス選手であると言うとき。

(2) 相手にコンピュータを使うことができるかたずねるとき。

(3) 自分はたいてい家族のために朝食を料理すると言うとき。

Talking with Friends ②

テストに出る！ ココが要点&チェック！

this と that を使った文

教 p.22〜p.33

1 「これ[あれ]は〜です」の表し方　➡★(1)

自分の近くにいる1人の人や1つのものを表すときは this，自分から離れたところにいる1人の人や1つのものを表すときは that を使う。

►This is 〜.「これ[こちら]は〜です」
This is Yuto.　　こちらはユウトです。

►That is 〜.「あれ[あちら]は〜です」
That is my dog.　　あれは私のイヌです。

2 「これ[あれ]は〜ですか」の表し方　➡★(2)

「これ[あれ]は〜ですか」とたずねるときは，Is this[that] 〜? で表す。

►is を this の前に置く　　　　　　　　►答えるときも is
Is this your pen**?** — Yes, it **is**. / No, it **isn't**.
　　　　　　　　　　　　答えでは it　　　　　　　►is not を短くした形

これはあなたのペンですか。 — はい，そうです。 / いいえ，ちがいます。

he と she を使った文

教 p.22〜p.33

3 「彼[彼女]は〜です」の表し方　➡★(3)(4)

1人の男性について述べたあとで，同じ人を表すときは he，1人の女性について述べたあとで，同じ人を表すときは she を使う。

女性┐　　　►She is 〜.「彼女は〜です」
This is Ms. Kato.　**She is** a math teacher.
Ms. Kato = She の関係　　こちらはカトウ先生です。彼女は数学の先生です。

男性┐　　►He is 〜.「彼は〜です」
That is Tatsuya.　**He is** my friend.
Tatsuya = He の関係　　あちらはタツヤです。彼は私の友達です。

┌─男性・女性を表す語句─┐
男性：Mr.「〜さん，先生」
　　　father「父」
　　　brother「兄[弟]」
女性：Ms.「〜さん，先生」
　　　mother「母」
　　　sister「姉[妹]」

4 「彼[彼女]は〜ではありません」「彼[彼女]は〜ですか」の表し方　➡★(5)(6)

「彼[彼女]は〜ではありません」と言うときは，He[She] is not 〜. で表す。「彼[彼女]は〜ですか」とたずねるときは，Is he[she] 〜? で表す。

She is from Osaka.　　　　彼女は大阪出身です。
She is not from Osaka.　　彼女は大阪出身ではありません。

►is を she の前に置く　　　　　　　　►答えるときも is
Is she from Osaka**?** — Yes, she **is**. / No, she **isn't**.

彼女は大阪出身ですか。 — はい，そうです。 / いいえ，ちがいます。

we, you, they を使った文

教 p.22〜p.33

5 we, you, they の使い方

➡★(7)(8)

自分を含めた複数の人を表すときは we，1人または複数の相手を表すときは you，すでに述べた複数の人やものを表すときは they を使う。

►自分を含めた複数の人＝we「私たちは[が]」
Yuki and I are friends. We like soccer.　ユキと私は友達です。私たちはサッカーが好きです。

►複数の相手＝you「あなたたちは[が]」
Hello, everyone. How are you?　こんにちは，みなさん。ごきげんいかがですか。

►すでに述べた複数の人＝they「彼[彼女]らは[が]，それらは[が]」
Look at those boys. They are my friends.　あれらの男の子たちを見て。彼らは私の友達です。

some と any を使った文

教 p.22〜p.33

6 some と any の使い方

➡★(9)(10)

some は「いくつか」「いくらか」，any は「何か」「いくつか」という意味で，あとに続く名詞が数えられる場合には複数であることを表す s や es をつける。

I have some pencils.　私は鉛筆を何本か持っています。
「いくつかの」◄　►s をつけて複数を表す形に

Do you have any cats?　あなたはネコを飼っていますか。
「何か，いくつか」◄　►s をつけて複数を表す形に

• some と any の使いわけ •
some は「〜です」のようなふつうの文で，any は「〜ですか」とたずねる疑問文や「〜ではありません」「〜しません」のような内容を打ち消す文で使います。

─────────────────────

☆チェック！ （ ）内から適する語句を選びなさい。

1 □ (1) (This / That) is my bag.　これは私のかばんです。

2 □ (2) (Is / Are) that your racket?　あれはあなたのラケットですか。

3 □ (3) This is my brother. (He / She) is a teacher.　こちらは私の兄です。彼は教師です。

□ (4) That is Ms. Ota. (He / She) is kind.　あちらはオオタさんです。彼女は親切です。

4 □ (5) She (is not / not is) from Tokyo.　彼女は東京出身ではありません。

□ (6) (Is / Are) he a soccer player?　彼はサッカー選手ですか。

5 □ (7) Meg and I are friends. (We / They) play tennis.　メグと私は友達です。私たちはテニスをします。

□ (8) Listen, everyone. (I / You) have homework.　聞いて，みんな。あなたたちには宿題があります。

6 □ (9) I have (any / some) apples.　私はリンゴをいくつか持っています。

□ (10) Do you have (a / any) dogs?　あなたはイヌを飼っていますか。

☆チェック！ の答えは次ページ ➡

テスト対策問題

テスト対策☀ナビ

🎵 リスニング

♪ a06

1 英文を聞いて，絵がその内容にあうものには〇を，あわないものには×を書きなさい。

(1) (　　　)　　(2) Yuta (　　　)　　(3) (　　　)

2 (1)〜(4)は単語の意味を書きなさい。(5)，(6)は日本語を英語にしなさい。

(1) after 　（　　　　　）　　(2) comic book （　　　　　）

(3) pet 　（　　　　　）　　(4) envy 　（　　　　　）

(5) 〜のような[に]＿＿＿＿＿＿　　(6) 住む,住んでいる＿＿＿＿＿＿

2 重要単語
(5) like には「〜が好きである」以外の意味もあることに注意。

3 次の日本文にあうように，＿＿＿に適する語を書きなさい。

(1) あなたはカレーが好きですよね。

You like curry, ＿＿＿＿＿＿?

(2) 私はよくインターネットでゲームをします。

I often play games ＿＿＿＿＿ the ＿＿＿＿＿.

(3) あなたはペットを飼うことができます。

You can ＿＿＿＿＿ a ＿＿＿＿＿.

3 重要表現

ミス注意！
「インターネット」はふつう前に the をつけて大文字で始める。

(3) have を使って表すこともできる。

4 次のそれぞれのあとの文が「彼[彼女]は〜です。」という意味になるように，＿＿＿に適する語を書きなさい。

(1) This is Mei. ＿＿＿＿＿ is my sister.

(2) This is my father. ＿＿＿＿ is good at playing tennis.

(3) That girl is Mari. ＿＿＿＿＿ is from Okinawa.

ミス注意！ (4) Mr. King is cool. ＿＿＿＿＿ ＿＿＿＿＿ kind, too.

4 he と she を使った文
(1)(3) sister, girl は女性を表す語句。
(2)(4) father, Mr. は男性を表す語句。

p.19 答 (1) This (2) Is (3) He (4) She (5) is not (6) Is (7) We (8) You (9) some (10) any

5 次の対話文を読んで，あとの問いに答えなさい。

5 本文の理解

> *Bob:* Look! Those boys play soccer very well.
> *Aya:* Yeah, ① they always play soccer after lunch. ② You play soccer, (   )?
> *Bob:* Yes. ③ I want to be a good player like Tsubasa.

(1) 下線部①が指すものを本文中の英語2語で答えなさい。

---- ----

----

(1) they はすでに述べた複数の人やものを表す。

(2) 下線部②が「あなたはサッカーをしますよね。」という意味になるように，（ ）内に適する語を書きなさい。

----

(3) 下線部③の英文を日本語になおしなさい。
私は翼の(   )。

(3) like の意味に注意する。

6 次の対話が成り立つように，＝＝＝に適する語を書きなさい。

6 会話表現

Bob: (1) Look. ＿＿＿＿ ＿＿＿＿ my brother.

（あれはぼくの兄だよ。）

Yuko: (2) Is ＿＿＿＿ a junior high school student?

（彼は中学生なの？）

Bob: (3) No, ＿＿＿＿ ＿＿＿＿.

（いいや，ちがうよ。）

ポイント

疑問文の答え方
Is he[she] ～?
— Yes, he[she] is.
— No, he [she] isn't.
Is this[that] ～?
— Yes, it is.
— No, it isn't.

7 次の日本文を英語になおしなさい。

7 英作文

(1) あなたは何匹かのハムスターが見えますか。

----

(1)「何匹かのハムスター」なので, hamsters とすることに注意。

(2) 彼はその映画の主人公です。

----

(2)「主人公」は main character と言う。

(3) 彼女は私の英語の先生ではありません。

----

(3)「彼女は」は she を使って表す。

テストに出る!
予想問題

Lesson 2
Talking with Friends ②

🕐 30分

/100点

1 対話を聞いて，その内容に適するものを一つ選び，記号で答えなさい。 ♪ a07 2点×3〔6点〕

(1) アヤはボブに(ア 家族 イ 友達)の写真を見せている。 ( )

(2) アヤは(ア ボブ イ サヤカ)とよくテニスをする。 ( )

(3) ボブの(ア お兄さん イ お姉さん)はテニスをする。 ( )

2 次の日本文にあうように，＿＿に適する語を書きなさい。 5点×6〔30点〕

(1) 私は動物が好きです。あなたはどうですか。

I like animals. ＿＿＿＿＿ ＿＿＿＿＿ you?

(2) 彼らはよい野球選手です。

＿＿＿＿＿ ＿＿＿＿＿ good baseball players.

(3) ① これはあなたの帽子ですか。

＿＿＿＿＿ ＿＿＿＿＿ your cap?

② — はい，そうです。

— Yes, ＿＿＿＿＿ ＿＿＿＿＿.

(4) ① あちらはあなたのお母さんですか。

＿＿＿＿＿ ＿＿＿＿＿ your mother?

② — いいえ。彼女は私の母ではありません。

— No. ＿＿＿＿＿ ＿＿＿＿＿ my mother.

3 〔 〕内の語句を並べかえて，日本文にあう英文を書きなさい。 5点×2〔10点〕

(1) 私は父のような医者になりたいです。

I want 〔 my father / be / like / a doctor / to 〕.

I want ＿＿＿＿＿＿＿＿＿＿＿＿＿＿＿＿.

(2) あなたは何枚のTシャツを持っていますか。

〔 T-shirts / you / how / have / do / many 〕?

4 次の対話文を読んで，あとの問いに答えなさい。　〔19点〕

> *Mei:* 　Oh, that dog is so cute! ① [have / do / pets / you / any]?
> *Aya:* 　Yes. ②I have (　　　)(　　　).
> *Mei:* 　I envy you. ③I can't keep a pet.

(1) 下線部①が「あなたはペットを飼っていますか。」という意味になるように，〔 〕内の語を並べかえなさい。　〈5点〉

　　　　　　　　　　　　　　　　　　　　　　　　　　　　　　　　　　?

(2) 下線部②が「私はハムスターを何匹か飼っています。」という意味になるように，(　)に適する語を書きなさい。　〈5点〉

(3) 下線部③を日本語になおしなさい。　〈5点〉

　　(　　　　　　　　　　　　　　　　　　　　　　　　　　)

(4) メイはアヤがペットを飼っていると聞いて，アヤのことをどう思いましたか。日本語で書きなさい。　〈4点〉

　　　　　　　　　　　(　　　　　　　　　　　)

5 次の文を(　)内の指示にしたがって書きかえなさい。　7点×2〔14点〕

(1) He is from Hokkaido. (「彼は〜ではありません。」という意味の文に)

(2) Aki and I play tennis with those girls. (下線部を1語にかえて)

6 次の日本文を英語になおしなさい。　7点×3〔21点〕

(1) 彼はあなたの大好きなバスケットボール選手ですか。

(2) あなたはアパートに住んでいるのですね。

(3) 私たちはいつでも昼食のあとにチェスをします。

My Favorite Person

テストに出る！ **ココが要点＆チェック！**

自分と相手以外の人について伝える文

教 p.34～p.49

1 主語が I と you 以外で単数のとき (1)

主語が I と you 以外で単数のとき，一般動詞に s または es をつける。

I **play** baseball.

自分と相手以外
の1人[1つ] — s, es をつける

Kenta **plays** baseball. ケンタは野球をします。

2 主語が I と you 以外で単数の否定する文 (2)

否定するときは，動詞の前に does not[doesn't]を置く。

He **plays** tennis.

does not を短くした形 → s, es はつかない（動詞の原形）

He **doesn't** **play** tennis. 彼はテニスをしません。

3 主語が I と you 以外で単数のたずねる文 (3)

たずねるときは，主語の前に does を置く。答えるときも does を使う。

Kenta **plays** tennis.

s, es はつかない（動詞の原形）

Does Kenta **play** tennis**?** ケンタはテニスをしますか。

答えるときも does(doesn't)を使う。

— Yes, he **does** . / No, he **doesn't** . はい，します。／いいえ，しません。

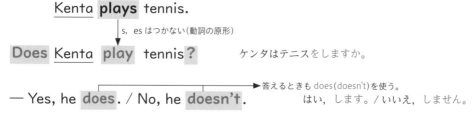
4 一般動詞の s, es のつけ方 (4)

ふつうは，動詞の終わりに s をつけるが，動詞の最後の文字によって異なる。また，have は has になる。

・動詞の終わりに s をつける。

like — **likes** live — **lives** sing — **sings**

・ス，ズ，シュ，チの音で終わる動詞は es をつける。

wash — **washes** watch — **watches**

・y で終わる動詞は，y を i にかえて es をつける。ただし，ay, ey, uy, oy で終わる動詞はそのまま s をつける。

study — **studies** play — **plays** buy — **buys**

・o で終わる動詞は，es をつける。

go — **goes** do — **does**

名詞の複数形

教 p.34〜p.49

5 名詞の複数形のつくり方 ⇒★(5)

ふつうは，名詞の終わりに s をつけるが，名詞の最後の文字によって異なる。

・名詞の終わりに s をつける。

cat — cats　　　　flower — flowers　　　book — books

・ス，ズ，シュ，チの音で終わる名詞は es をつける。

box — boxes　　　　brush — brushes

・y で終わる名詞は，y を i にかえて es をつける。ただし，ay，ey，uy，oy で終わる名詞はそのまま s をつける。

hobby — hobbies　　cherry — cherries　　boy — boys

・o で終わる名詞はふつう s をつけるが，es をつけるものもある。

piano — pianos　　tomato — tomatoes　　potato — potatoes

「私」を表す形

教 p.34〜p.49

6 I, me の使い方 ⇒★(6)

主語として使う場合の「私」は I，主語以外で使う場合の「私」は me を使う。

I like basketball.　　　　　　　　　　　私はバスケットボールが好きです。
└▶ I「私は」＝主語

My sister often plays basketball with me.　私の姉はよく私とバスケットボールをします。
　　　　　　　　　　　　　　　　└▶ me「私を[に]」＝主語以外(動詞よりあと)

┌─── 主語として使う，主語以外で使う「私」などの形 ───┐

私	I — me	あなた(たち)	you — you	私たち	we — us
彼	he — him	彼女(かのじょ)	she — her	その人たち	they — them
(人以外の)もの(1つ)	it — it		(人以外の)もの(2つ以上)		they — them

- -

☆チェック!　( )内から適する語を選びなさい。

1 □ (1) She (play / plays) tennis well.　　　　彼女はテニスを上手にします。

2 □ (2) Yuki (don't / doesn't) like *natto*.　　ユキは納豆が好きではありません。

3 □ (3) (Does / Do) your brother live in Tokyo?　あなたのお兄さんは東京に住んでいますか。
　　— Yes, he (is / does).　　　　　　　　　—はい，住んでいます。

4 □ (4) Ken (wash / washes) the dishes every day.　ケンは毎日お皿を洗います。

5 □ (5) I have two (cat / cats).　　　　　　　私はネコを 2 匹(ひき)飼っています。

6 □ (6) I play the guitar with (her / she).　　私は彼女といっしょにギターを弾(ひ)きます。

テスト対策問題

♪ a08

リスニング

1 英文を聞いて，絵がその内容にあうものには○を，あわないものには×を書きなさい。

(1) Saki   (2) Ken Hello.   (3) Aya

(   )　　　　　(   )　　　　　(   )

2 (1)～(4)は単語の意味を書きなさい。(5), (6)は日本語を英語にしなさい。

(1) grow （　　　　） (2) garden （　　　　）

(3) tall （　　　　） (4) hard （　　　　）

(5) 趣味 ＿＿＿＿＿＿ (6) 忙しい ＿＿＿＿＿＿

2 重要単語
(5)英語のつづりを間違えやすいので注意。

3 次の日本文にあうように，＿＿に適する語を書きなさい。

(1) 私はたとえばネコなどの動物が好きです。

I like animals, ＿＿＿＿＿ ＿＿＿＿＿, cats.

(2) 私はテニスが大好きです。

I like tennis ＿＿＿＿＿ ＿＿＿＿＿.

(3) クミ，この写真を見て。

Kumi, ＿＿＿＿＿ ＿＿＿＿＿ this picture.

3 重要表現
(1) example は「例」という意味。

ポイント

「この写真を見て。」と命令する文なので，動詞で文を始める。

4 次の文を( )内の指示にしたがって書きかえるとき，＿＿に適する語を書きなさい。

(1) I have a new bicycle. (下線部を My sister にかえて)

My sister ＿＿＿＿＿ a new bicycle.

(2) Emi goes shopping on Sunday. (疑問文に)

＿＿＿＿＿ Emi ＿＿＿＿＿ shopping on Sunday?

4 主語が I と you 以外で単数の文
(2)主語が I と you 以外で単数の疑問文は，does を使って表す。

ミス注意！
主語が I と you 以外の否定の文や疑問文では，動詞には s や es のつかないそのままの形を使う。

p.25 答 (1) plays (2) doesn't (3) Does / does (4) washes (5) cats (6) her

5 次の英文を読んで，あとの問いに答えなさい。

> I have a new friend. His name is Pedro. ① He comes from Brazil. He plays soccer with ②(I) on the soccer team. He ③(watch) soccer videos in his free time.
> ④ He (　　) (　　) practicing early in the morning. He can't get up early.

(1) 下線部①の英文を日本語になおしなさい。
(　　　　　　　　　　　　　　　　　　　　　　　　　　)

(2) ②，③の（　）内の語を適する形にかえなさい。

②　＿＿＿＿＿＿＿　　③　＿＿＿＿＿＿＿

(3) 下線部④が「彼は朝早く練習をすることが好きではありません。」という意味になるように，（　）内に適する語を書きなさい。

＿＿＿＿＿＿＿　＿＿＿＿＿＿＿

(1) come from 〜 は「〜出身である」という意味。
(2)②主語以外で使う「私を[に]」の形にする。
③主語が He であることから考える。
(3)主語が I と you 以外で単数の否定する文は，does を使って表す。

6 次の対話が成り立つように，＿＿に適する語を書きなさい。

Aya: This is my sister, Yumi.

Mei: (1) ＿＿＿＿＿ she ＿＿＿＿＿ English?

（彼女は英語を話すの？）

Aya: (2) Yes, she ＿＿＿＿＿.

（ええ，話すわ。）

(3) I ＿＿＿＿＿ English with ＿＿＿＿＿.

（私は彼女といっしょに英語を勉強するの。）

(1)(2)主語が she の疑問文は，does を使って表す。答えるときも does を使う。

ポイント

疑問文の答え方
Does 〜?
— Yes, 〜 does.
— No, 〜 doesn't.

7 次の日本文を英語になおしなさい。

(1) 彼は2つのグローブを使っています。

＿＿＿＿＿＿＿＿＿＿＿＿＿＿＿＿＿＿＿＿＿＿
＿＿＿＿＿＿＿＿＿＿＿＿＿＿＿＿＿＿＿＿＿＿

(2) 彼女は毎週末にテニスを練習しません。

＿＿＿＿＿＿＿＿＿＿＿＿＿＿＿＿＿＿＿＿＿＿
＿＿＿＿＿＿＿＿＿＿＿＿＿＿＿＿＿＿＿＿＿＿
＿＿＿＿＿＿＿＿＿＿＿＿＿＿＿＿＿＿＿＿＿＿

(1)「2つのグローブ」なので，glove を複数形にすることに注意。
(2)「毎週末に」は every weekend と言う。

テストに出る!
予想問題

Lesson 3
My Favorite Person

⏱ 30分

/100点

🎵 **① 対話と質問を聞いて，その答えとして適するものを一つ選び，記号で答えなさい。**

(1)　ア　She plays the piano.　　イ　She plays the guitar.　　♪ a09　3点×2〔6点〕
　　　ウ　She plays the trumpet.　エ　She plays the violin.　　　　　（　　　）

(2)　ア　Yes, he is.　　　　　　　イ　No, he isn't.
　　　ウ　Yes, he does.　　　　　　エ　No, he doesn't.　　　　　　　　（　　　）

② 次の日本文にあうように，＿＿に適する語を書きなさい。　5点×6〔30点〕

ミス注意 (1)　トモコは私とよく買いものに行きます。

　　　Tomoko often ＿＿＿＿＿＿ shopping with ＿＿＿＿＿＿.

(2)　私は音楽部のメンバーです。

　　　I'm a ＿＿＿＿＿＿ ＿＿＿＿＿＿ the music club.

(3)　① あなたのお姉さんは毎日英語を勉強しますか。

　　　＿＿＿＿＿＿ your sister ＿＿＿＿＿＿ English every day?

　　　② — はい，勉強します。

　　　— Yes, ＿＿＿＿＿＿ ＿＿＿＿＿＿.

(4)　① 彼は何の食べものが好きですか。

　　　What food ＿＿＿＿＿＿ he ＿＿＿＿＿＿?

　　　② — 彼はカレーライスが大好きです。

　　　— He ＿＿＿＿＿＿ curry and rice very ＿＿＿＿＿＿.

よく出る **③ 〔　〕内の語を並べかえて，日本文にあう英文を書きなさい。**　6点×2〔12点〕

(1)　エミは自転車を持っていません。　Emi 〔 have / bike / does / a / not 〕.

　　　Emi ＿＿＿＿＿＿＿＿＿＿＿＿＿＿＿＿＿＿＿＿＿.

(2)　ボブは毎週末に2さつの本を読みます。

　　　Bob 〔 two / every / reads / weekend / books 〕.

　　　Bob ＿＿＿＿＿＿＿＿＿＿＿＿＿＿＿＿＿＿＿＿＿.

4 次のボブの祖父についての対話文を読んで，あとの問いに答えなさい。対話文中の He は
ボブの祖父を指します。　　　　　　　　　　　　　　　　　　　　　　　〔20点〕

> Bob: ① He runs a flower shop.
> Aya: Sounds nice. I love flowers. Does he grow flowers?
> Bob: ② No, (　　　)(　　　). But my grandma grows some flowers in her
> garden.
> Aya: ③〔 does / grow / what / she 〕?
> Bob: I'm not sure, but roses and other ones.

(1) 下線部①を日本語になおしなさい。　　　　　　　　　　　　　　　　〈5点〉
　（　　　　　　　　　　　　　　　　　　　　　　　　　　　　　　　　）

(2) 下線部②の（ ）に適する語を書きなさい。　　　　　　　　　　　　〈5点〉

(3) 下線部③が「彼女は何を育てていますか。」という意味になるように，〔 〕内の語を並
べかえなさい。　　　　　　　　　　　　　　　　　　　　　　　　　　〈5点〉
　　　　　　　　　　　　　　　　　　　　　　　　　　　　　　　　　?

(4) ボブの祖母はどこで花を育てていますか。日本語で書きなさい。　　〈5点〉
　　　　　　　　　　　　　　　　　　（　　　　　　　　　　　）

5 次の文を（ ）内の指示にしたがって書きかえなさい。　　　8点×2〔16点〕

(1) I want a box. （下線部を two にかえて）

(2) Bob speaks Japanese well. （否定する文に）

6 次の日本文を英語になおしなさい。　　　　　　　　　8点×2〔16点〕

(1) 私はあなたに私の趣味について話すつもりです。

(2) 彼女はたくさんのかばんを持っています。

Lesson 4 ～ Reading 1

Our Summer Stories ～ Fox and Tiger

テストに出る！ ココが要点&チェック！

過去のできごとについて伝える文

 教 p.52～p.53

1 一般動詞の過去形 → ★(1)

「〜した」と過去のことを言うときは動詞を過去形にする。動詞には語尾が(e)dで終わるものと，不規則に形がかわるものがある。

現在形 I **eat** shaved ice. 私はかき氷を食べます。
　　　　⬇動詞を過去形にする
過去形 I **ate** shaved ice. 私はかき氷を食べました。
　　　　└▶eat「〜を食べる」の過去形

・過去を表す語句・
過去形を使った文には，過去を表す語句をいっしょに使うことが多い。
yesterday「昨日」，last night「昨夜」
last week「先週」，last Sunday「この前の日曜日」

2 be動詞の過去形 → ★(2)

be動詞の過去形には，was と were がある。am と is の過去形が was で，are の過去形が were になる。

I ate shaved ice. It **was** delicious. 私はかき氷を食べました。それはとてもおいしかったです。
　　　　　　　　　└▶is, am の過去形

The photos **were** beautiful. その写真は美しかったです。
　　　　　　└▶are の過去形

過去の疑問文

 教 p.54～p.55

3 一般動詞の過去の疑問文 → ★(3)

「〜しましたか」とたずねるときは，主語の前に did を置き，動詞は原形(そのままの形)を使う。答えるときも did を使う。

Did you **go** back to America**?** あなたはアメリカ合衆国に戻りましたか。
動詞は原形◀┘
　　　　　　　　　　　　　　　▶答えるときも did(didn't)を使う。 ※ didn't は did not を短くした形
— Yes, I **did** . / No, I **didn't** . はい，戻りました。／いいえ，戻りませんでした。

4 be動詞の過去の疑問文 → ★(4)

「〜でしたか」とたずねるときは，主語の前に be動詞を置く。答えるときも be動詞を使う。

Were you in Japan during the summer vacation**?** あなたは夏休みの間日本にいましたか。

　　　　　　　　　　　　　▶答えるときも was(wasn't)を使う。 ※ wasn't は was not を短くした形
— Yes, I **was** . / No, I **wasn't** . はい，いました。／いいえ，いませんでした。

過去の否定を表す文

5 過去の否定を表す文　→★チェック(5)(6)

否定するときは，一般動詞の場合は動詞の原形の前に didn't，be動詞の場合は主語のあとに wasn't または weren't を置く。

I　**ate** fried noodles.　　　　　私は焼きそばを食べました。

　⇩ 動詞を原形にする

I **didn't** **eat** fried noodles.　　私は焼きそばを食べませんでした。
〈didn't[did not]＋動詞の原形〉

It　**was**　delicious.　　　　　　それはおいしかったです。

　⇩

It **wasn't** delicious.　　　　　　それはおいしくありませんでした。
※ wasn't は was not を短くした形

> ・短くした形・
> did not＝didn't
> was not ＝wasn't
> were not＝weren't

過去形のつくり方

6 規則動詞と不規則動詞　→★チェック(7)

動詞の過去形は，動詞の終わりに(e)d をつける規則動詞と，go-went のように形が不規則に変化する不規則動詞がある。

・ed をつける：cook — **cooked**　　walk — **walked**　　start — **started**
・d だけをつける：dance — **danced**　　use — **used**
・y を i にかえて ed をつける：study — **studied**
・違う形にする(不規則動詞)：

　　have — **had**　　eat — **ate**　　go — **went**　　see — **saw**
　　come — **came**　　build — **built**　　sleep — **slept**

- -

★チェック！　（　）内から適する語を選びなさい。

1　□ (1) Mei (uses / used) this bicycle yesterday.　　メイは昨日この自転車を使いました。

2　□ (2) We (was / were) in Tokyo.　　私たちは東京にいました。

3　□ (3) (Do / Did) you eat *takoyaki*?　　あなたはタコ焼きを食べましたか。
　　　　 — Yes, I (do / did).　　一はい，食べました。

4　□ (4) (Did / Was) the movie good?　　その映画はよかったですか。
　　　　 — No, it (didn't / wasn't).　　一いいえ，よくありませんでした。

5　□ (5) I (didn't / wasn't) cook dinner last night.　　私は昨夜夕食をつくりませんでした。
　□ (6) Bob (wasn't / weren't) in the library.　　ボブは図書館にいませんでした。

6　□ (7) I (go / went) to Hokkaido last year.　　私は昨年北海道に行きました。

★チェック！ の答えは次ページ➡

テスト対策問題

テスト対策 ナビ

♪ リスニング

♪ a10

1 英文を聞いて，絵がその内容にあうものには○を，あわないものには×を書きなさい。

(1)  Ken

(　　　)

(2) Aya

(　　　)

(3) Bob  Mei

(　　　)

2 (1)〜(6)は単語の意味を書きなさい。(7)〜(10)は日本語を英語にしなさい。

(1) evening （　　　　　　）
(2) stay （　　　　　　）
(3) parents （　　　　　　）
(4) find （　　　　　　）
(5) alone （　　　　　　）
(6) happen （　　　　　　）
(7) 風邪(かぜ) ＿＿＿＿＿
(8) 〜と[を]言う ＿＿＿＿＿
(9) すぐに ＿＿＿＿＿
(10) 待つ ＿＿＿＿＿

2 重要単語
(7)(9)英語のつづりが複雑なので注意。

3 次の日本文にあうように，＿＿に適する語を書きなさい。

(1) 久しぶり，エイミー！
＿＿＿＿＿ time ＿＿＿＿＿ see, Amy!
(2) このお話はちょっと悲しいね。
This story is ＿＿＿＿＿ ＿＿＿＿＿ sad.
(3) 私の弟はよく風邪(かぜ)をひきます。
My brother often ＿＿＿＿＿ a ＿＿＿＿＿.
(4) あのトラを見て。逃げ出しましょう。
Look at that tiger. Let's ＿＿＿＿＿ ＿＿＿＿＿.
(5) 私の妹はイヌを恐(おそ)れています。
My sister is ＿＿＿＿＿ ＿＿＿＿＿ dogs.
(6) やはり，私は野球が大好きです。
＿＿＿＿＿ ＿＿＿＿＿, I love baseball.

3 重要表現

(2)「種類」という意味の kind を使って表す。

(3)「風邪」は cold と言う。

おぼえよう！
主語がない文
・Let's eat lunch.
・Please call me Yui.

4 次の文の＿＿に，（　）内の語を適する形にかえて書きなさい。

(1) I ＿＿＿＿＿ in Hiroshima yesterday. （am）
(2) I ＿＿＿＿＿ a soccer game last night. （watch）
(3) We ＿＿＿＿＿ the beautiful moon last Sunday. （see）
(4) Meg ＿＿＿＿＿ spaghetti yesterday. （eat）

4 過去の文
(1)be 動詞の過去形は was または were。
(2)ed をつけて過去形にする。
(3)(4)不規則に変化する動詞。

p.31 答 ▷ (1) used　(2) were　(3) Did / did　(4) Was / wasn't　(5) didn't　(6) wasn't　(7) went

5 次の英文を読んで，あとの問いに答えなさい。

① We danced to Japanese music with many people. *Bon-odori* wasn't so difficult.
② After that, [walked / we / the riverbank / to]. Soon, the fireworks started. ③ They were just beautiful! We ④(have) a wonderful evening.

(1) 下線部①を日本語になおしなさい。
(　　　　　　　　　　　　　　　　　　　　　　　　)

(2) 下線部②が「そのあと，私たちは川の土手へ歩きました。」という意味になるように，[　]内の語句を並べかえなさい。
After that, _____.

(3) 下線部③を次のように表すとき，＿＿に適する語を書きなさい。
The _____ were just beautiful!

(4) ④の（ ）内の語を適切な形になおしなさい。 _____

5 本文の理解
(1)過去の文

(2)主語のあとに動詞の過去形を続ける。

(3) They＝花火

(4) have は不規則動詞。

6 次の文を（ ）内の指示にしたがって書きかえるとき，＿＿に適する語を書きなさい。

(1) We played baseball last Sunday.（否定文に）
We _____ _____ baseball last Sunday.

(2) Kumi built a tent in the mountain.
（疑問文と No で答える文に）
_____ Kumi _____ a tent in the mountain?
— No, _____ _____.

6 否定文と疑問文

ポイント
・否定文は didn't [did not]を使って表す。
・疑問文は主語の前に did を置く。動詞を原形に戻すことを忘れないように。

7 次の対話が成り立つように，＿＿に適する語を書きなさい。

Aya: (1) _____ _____ in Tokyo last weekend?
（あなたは週末東京にいたの？）

Emily: (2) Yes, _____ _____.
（ええ，いたわ。）

(3) I _____ shopping with my friend, Amy.
（友達のエイミーと買い物に行ったの。）

7 会話表現
(1)(2) be 動詞の過去の文は，was または were を使う。
(3)「行く」go は不規則動詞。

8 次の日本文を英語になおしなさい。
(1) 彼女は今朝図書館にいませんでした。
_____

(2) 私は昨夜テントで寝ました。
_____

8 英作文
(1) be 動詞の過去の否定を表す文は，主語のあとに wasn't または weren't を置く。
(2)「寝る」sleep は不規則動詞。

テストに出る！
予想問題

Lesson 4 〜 Reading 1　①
Our Summer Stories 〜 Fox and Tiger

⏱ 30分

/100点

1 対話を聞いて，その内容にあう絵を一つ選び，記号で答えなさい。　　🎵 a11　〔4点〕

（　　　　）

2 次の日本文にあうように，＿＿＿に適する語を書きなさい。　　4点×5〔20点〕

(1) やはり，メイは私のよい友達です。

　　＿＿＿＿＿＿＿＿ ＿＿＿＿＿＿＿＿, Mei is my good friend.

(2) その間欠泉はとても高く噴き上がりました。

　　The geyser ＿＿＿＿＿＿＿ ＿＿＿＿＿＿＿ very high.

よく出る (3) 私たちはメグの家ですばらしい夜を過ごしました。

　　We ＿＿＿＿＿＿＿ a ＿＿＿＿＿＿＿ evening at Meg's house.

(4) 昨日，祖母が私の家に来ました。

　　Yesterday, my grandmother ＿＿＿＿＿＿＿ ＿＿＿＿＿＿＿ my house.

ミス注意！ (5) 彼らは山でヘビを恐れていました。

　　They ＿＿＿＿＿＿＿ ＿＿＿＿＿＿＿ of snakes in the mountain.

3 次の対話が成り立つように，＿＿＿に適する語を書きなさい。　　4点×3〔12点〕

(1) A: Did you do your homework?

　　B: Yes, I ＿＿＿＿＿＿＿. It ＿＿＿＿＿＿＿ not so difficult.

(2) A: Were you in the park yesterday morning?

　　B: No, we ＿＿＿＿＿＿＿. We ＿＿＿＿＿＿＿ to the library.

やや難 (3) A: ＿＿＿＿＿＿＿ ＿＿＿＿＿＿＿ you do after dinner?

　　B: I watched a baseball game on TV.

4 次の文を（　）内の指示にしたがって書きかえなさい。　　4点×3〔12点〕

よく出る (1) Emily eats bread <u>every</u> morning. （下線部を yesterday にかえて）

　　＿＿＿＿＿＿＿＿＿＿＿＿＿＿＿＿＿＿＿＿＿＿＿＿＿

(2) Ms. King lived in Canada. （否定を表す文に）

　　＿＿＿＿＿＿＿＿＿＿＿＿＿＿＿＿＿＿＿＿＿＿＿＿＿

やや難 (3) I went to <u>the aquarium</u> last Sunday. （下線部をたずねる文に）

　　＿＿＿＿＿＿＿＿＿＿＿＿＿＿＿＿＿＿＿＿＿＿＿＿＿

5 次の対話文を読んで，あとの問いに答えなさい。　〔25点〕

Mei: ①(　　　) time (　　　) see! ②Were you back in America during the summer vacation?
Bob: Yes, I was. How ③(　　) you? ④[to / you / back / did / Singapore / go]?
Mei: No, I didn't. I ⑤(stay) here.
Bob: Did you enjoy your summer vacation?
Mei: ⑥Yes, very much.

(1) 下線部①が「久しぶり！」という意味になるように，(　)に適する語を書きなさい。〈4点〉

＿＿＿＿＿＿, ＿＿＿＿＿＿

(2) 下線部②の英文を日本語になおしなさい。　〈5点〉
(　　　　　　　　　　　　　　　　　　　　　　　)

(3) ③の(　)に適する語を書きなさい。　〈3点〉

(4) 下線部④の[ ]内の語を並べかえて，意味の通る英文にしなさい。　〈5点〉
＿＿＿＿＿＿＿＿＿＿＿＿＿＿＿＿＿＿＿＿＿＿?

(5) ⑤の(　)内の語を適する形になおしなさい。　〈3点〉

(6) 下線部⑥を次のように表すとき，＿＿に適する語を書きなさい。　〈5点〉
Mei ＿＿＿＿＿＿ her summer vacation a ＿＿＿＿＿＿.

6 [ ]内の語句を並べかえて，日本文にあう英文を書きなさい。　4点×3〔12点〕

(1) ジャックはサッカーを練習しませんでした。[not / soccer / did / Jack / practice].
＿＿＿＿＿＿＿＿＿＿＿＿＿＿＿＿＿＿＿＿＿＿

(2) 庭の花々は美しかったです。 [beautiful / in / were / the flowers / the garden].
＿＿＿＿＿＿＿＿＿＿＿＿＿＿＿＿＿＿＿＿＿＿

(3) あなたは今朝何時に起きましたか。
[you / did / get / what / up / time] this morning?
＿＿＿＿＿＿＿＿＿＿＿＿＿＿＿＿ this morning?

7 次の日本文を英語になおしなさい。　5点×3〔15点〕

(1) 私は動物園でたくさんの動物を見ました。
＿＿＿＿＿＿＿＿＿＿＿＿＿＿＿＿＿＿＿＿＿＿

(2) あなたたちはその歌を聞きましたか。
＿＿＿＿＿＿＿＿＿＿＿＿＿＿＿＿＿＿＿＿＿＿

(3) 私は昨日，英語を勉強しました。
＿＿＿＿＿＿＿＿＿＿＿＿＿＿＿＿＿＿＿＿＿＿

テストに出る!
予想問題

Lesson 4 〜 Reading 1　②
Our Summer Stories 〜 Fox and Tiger

⏱ 30分
/100点

🎵 **1** 対話と質問を聞いて，その答えとして適するものを一つ選び，記号で答えなさい。

(1)　ア　Yes, he did.　　　　イ　No, he didn't.　　　🎵 a12　3点×2〔6点〕
　　　ウ　Yes, he was.　　　　エ　No, he wasn't.　　　　　　（　　　）

(2)　ア　She enjoyed a movie.　　　イ　She enjoyed shopping.
　　　ウ　She practiced the guitar.　エ　She practiced the piano.　（　　　）

2 CとDの関係が，AとBの関係と同じになるように，＿＿に適する語を書きなさい。

4点×5〔20点〕

	A	B	C	D
(1)	is not	isn't	was not	＿＿＿＿＿＿
(2)	shoot	shot	build	＿＿＿＿＿＿
(3)	go	went	tell	＿＿＿＿＿＿
(4)	big	small	easy	＿＿＿＿＿＿
よく出る (5)	I	me	he	＿＿＿＿＿＿

3 次の日本文にあうように，＿＿に適する語を書きなさい。　　4点×4〔16点〕

(1)　私は近ごろよくそのレストランに行きます。
　　I often go to the restaurant ＿＿＿＿＿＿ ＿＿＿＿＿＿.

(2)　ボブは私の兄のようにふるまいました。
　　Bob ＿＿＿＿＿＿ ＿＿＿＿＿＿ my brother.

(3)　あなたは風邪をひいたのですか。
　　Did you ＿＿＿＿＿＿ a ＿＿＿＿＿＿?

ミス注意! (4)　あなたのイヌに何が起こったのですか。
　　＿＿＿＿＿＿ ＿＿＿＿＿＿ to your dog?

4 次の文を（　）内の指示にしたがって書きかえなさい。　　4点×3〔12点〕

よく出る (1)　My sister sleeps with me every day. （下線部を yesterday にかえて）

＿＿＿＿＿＿＿＿＿＿＿＿＿＿＿＿＿＿＿＿＿＿＿＿

(2)　Jack and Ken were very sad. （疑問文に）

＿＿＿＿＿＿＿＿＿＿＿＿＿＿＿＿＿＿＿＿＿＿＿＿

やや難 (3)　Sophia visited two countries last year. （下線部をたずねる文に）

＿＿＿＿＿＿＿＿＿＿＿＿＿＿＿＿＿＿＿＿＿＿＿＿

5 ある日，トラがキツネを見つけて襲いかかります。次の対話文を読んで，あとの問いに答えなさい。〔21点〕

> Fox:　　Help!　Help!
> Tiger:　That was easy. ① Fox, you (　　) no (　　) (　　) me.
> Fox:　　Didn't you know?
> Tiger:　(　②　)!?
> Fox:　　I'm the king of animals.
> Tiger:　③ [don't / you / I / believe].
> Fox:　　④ But I am! ⑤ The animals all run away. ⑥ (　　) (　　) me!

(1) 下線部①，⑥がそれぞれ次の意味を表すように，（　）に適する語を書きなさい。〈2点×2〉
　　① 「キツネ，あなたは私にとって対戦相手ではありません。」

　　　　　　　　　　　　　　　　　　　　　　　，　　　　　　　　　　　　　　　　

　⑥ 「ただ私について来なさい。」　　　　　　　　　　　　　　　　　　　

(2) ②の（　）に適する語を，ア〜ウから選び，記号で答えなさい。〈3点〉
　　ア　When　　イ　What　　ウ　Where　　　　　　　　　　（　　　）

(3) 下線部③の〔　〕内の語を並べかえて，意味の通る英文にしなさい。〈5点〉

　　　　　　　　　　　　　　　　　　　　　　　　　　　　　　　　　．

(4) 下線部④を次のように表すとき，＿＿に適する3語を書きなさい。〈4点〉
　　But I am the ＿＿＿＿＿＿ ＿＿＿＿＿＿ ＿＿＿＿＿＿ !

(5) 下線部⑤の英文を日本語になおしなさい。〈5点〉
　　（　　　　　　　　　　　　　　　　　　　　　　　　　　　　　）

6 次の日本文を英語になおしなさい。　　　　5点×3〔15点〕

(1) あなたたちは今朝，体育館にいませんでした。

　　　　　　　　　　　　　　　　　　　　　　　　　　　　　　

(2) 彼らはシドニー（Sydney）ですばらしい晩を過ごしました。

　　　　　　　　　　　　　　　　　　　　　　　　　　　　　　

(3) あなたはどこでこのネコを見つけましたか。

　　　　　　　　　　　　　　　　　　　　　　　　　　　　　　

7 次の質問に，あなた自身の答えを英語で書きなさい。ただし，主語と動詞のある文で書くこと。　　　　5点×2〔10点〕

(1) Did you study English last Sunday?

　　　　　　　　　　　　　　　　　　　　　　　　　　　　　　

(2) What time did you eat breakfast yesterday?

School Life in Two Countries

テストに出る！ ココが要点＆チェック！

動作が進行中であることを表す文

教 p.66〜p.67

1 今していることを表す文

➡★☆☆(1)(2)

「(今)〜しているところです」と進行中のことを言うときは〈be 動詞＋動詞の -ing 形〉で表す。
be 動詞は主語に応じて am, are, is を使い分ける。

We are having morning tea now.　　私たちは今，朝の軽食（モーニングティー）をとっています。
　　　　└動詞の -ing 形
　　└主語が複数なので are

┌──────────── 動詞 -ing のつくり方 ────────────┐
▶そのまま ing をつける　play → playing　read → reading　sing → singing
　　　　　　　　　　　do → doing　eat → eating　listen → listening
▶e をとって ing をつける　write → writing　have → having　practice → practicing
▶最後の文字を重ねて ing をつける
　　　　　　　　　　sit → sitting　swim → swimming　run → running
└──┘

動作が進行中であるかたずねる文

教 p.68〜p.69

2 「〜しているところですか」とたずねる文

➡★★☆(3)(4)

「(今)〜しているところですか」とたずねるときは，主語の前に be 動詞を置く。-ing 形はそのままにする。答えるときも be 動詞を使う。

Aya is singing.　　　　　　　　アヤは今歌っています。

Is Aya　singing?　　　　　　　アヤは今歌っていますか。
└be 動詞が文頭　　└-ing 形はそのまま

— Yes, she is. / No, she isn't.　　はい，歌っています。／いいえ，歌っていません。
　　　　　　　　　　└答えるときも be 動詞

3 「何を〜しているのですか」とたずねる文

➡★★☆(5)

「(今)何を〜しているのですか」とたずねるときは，What を文頭に，主語の前に be 動詞を置く。
答えるときは，具体的に何をしているか答える。

What is she singing?　　　　　　彼女は何を歌っていますか。
└What が文頭　　└-ing 形はそのまま

— She is singing "My Ballad."　　彼女は「マイ・バラード」を歌っています。
　　〈be 動詞＋動詞の -ing 形〉で具体的にしていることを答える

動作が進行中でないことを表す文

教 p.66～p.73

4 「～していません」と否定を表す文

⇒★(6)

「(今)～していません」と否定を表すときは，be 動詞のあとに not を置く。-ing 形はそのままにする。

I am reading a book now.　　　私は今，本を読んでいます。

⇓　　┌─-ing 形はそのまま

I am not reading a book now.　　私は今，本を読んでいません。

└─am のあとに not

前置詞

教 p.70～p.71

5 場所を表す前置詞

⇒★(7)～(9)

場所や時などを表す in, on, by のような語を前置詞という。前置詞のあとには名詞を置き，〈前置詞＋名詞〉で 1 つのまとまりになる。

My dog is sitting by the table.　　私のイヌはテーブルのそばに座っています。

〈前置詞＋名詞〉 ※ by＝「～のそばに」

・ 場所を表すおもな前置詞 ・

・by「～のそばに[で]」	My house is <u>by</u> the station.	私の家は駅のそばです。
・in「～(の中)に，～で」	Two books are <u>in</u> my bag.	2 冊の本が私のかばんの中にあります。
・on「～(の上)に」	An apple is <u>on</u> the table.	リンゴはテーブルの上にあります。
・near「～の近くに」	I live <u>near</u> the park.	私は公園の近くに住んでいます。
・at「～で，～に」	I'm studying <u>at</u> home.	私は家で勉強しています。

☆チェック!　( )内から適する語を選びなさい。

1
- [ ] (1) I (is / am) cooking dinner now.　　　私は今，夕食をつくっています。
- [ ] (2) Emma (is / does) listening to music.　　エマは音楽を聞いています。

2
- [ ] (3) Is Bob (sing / singing) a song?　　　ボブは歌を歌っていますか。
  - — Yes, he (is / does).　　　— はい，歌っています。
- [ ] (4) (Is / Are) the boys playing the guitar?　　男の子たちはギターを弾いていますか。
  - — No, they (isn't / aren't).　　　— いいえ，弾いていません。

3
- [ ] (5) What are you (read / reading)?　　あなたは何を読んでいるのですか。

4
- [ ] (6) My sister (isn't / doesn't) eating breakfast now.　私の姉は今，朝食を食べていません。

5
- [ ] (7) He's sitting (in / on) the bench.　　彼はベンチにすわっています。
- [ ] (8) The library is (near / at) the station.　　図書館は駅の近くです。
- [ ] (9) Some books are (in / by) the box.　　何冊かの本がその箱に入っています。

テスト対策問題

🎵 リスニング

♪ a13

1 英文を聞いて、絵がその内容にあうものには○を、あわないものには×を書きなさい。

(1) Mei （　　　）
(2) Ken　Bob （　　　）
(3) Emma （　　　）

---

2 (1)〜(6)は単語の意味を書きなさい。(7)〜⑽は日本語を英語にしなさい。

(1) everybody（　　　　　　）
(2) lawn　　（　　　　　　）
(3) period　（　　　　　　）
(4) break　（　　　　　　）
(5) classmate（　　　　　　）
(6) different（　　　　　　）
(7) 1番目の,最初の ＿＿＿＿＿＿
(8) 〜を持ってくる ＿＿＿＿＿＿
(9) もの，こと ＿＿＿＿＿＿
⑽ 〜のうしろの[に] ＿＿＿＿＿＿

2 重要単語
(6) difficult と間違えないように注意。

---

3 次の日本文にあうように、＿＿に適する語を書きなさい。

(1) 私たちには 20 分間の休みがあります。
　We have ＿＿＿＿＿＿ ＿＿＿＿＿＿ 20 minutes.
(2) 彼らは賞を競います。
　They ＿＿＿＿＿＿ ＿＿＿＿＿＿ a prize.
(3) ボブはかな文字を書くことができます。―すばらしい。
　Bob can write kana letters. ― ＿＿＿＿＿＿ ＿＿＿＿＿＿.

3 重要表現
(1)「〜の間」は前置詞 for を使って表す。
(2) compete「競争する」を使って表す。

---

4 次の文の＿＿に、（　）内の語を適する形にかえて書きなさい。

(1) I'm ＿＿＿＿＿＿ the piano now.　（play）
(2) We are ＿＿＿＿＿＿ a cake now.　（make）
(3) Mei is ＿＿＿＿＿＿ on the lawn.　（sit）

4 今していることを表す文
(3) sit の -ing 形は最後の文字を重ねる。

---

5 次の日本文にあうように、＿＿に適する語を書きなさい。

(1) トモコとメイは今,テレビを見ていますか。―はい、見ています。
　＿＿＿＿＿＿ Tomoko and Mei ＿＿＿＿＿＿ TV now?
　― Yes, ＿＿＿＿＿＿ ＿＿＿＿＿＿.
(2) ボブは今何をしていますか。
　＿＿＿＿＿＿ is Bob ＿＿＿＿＿＿ now?

5 疑問文

ポイント
・疑問文は主語の前に be 動詞を置く。動詞は -ing 形のまま。
・答えるときも be 動詞を使う。

---

6 次のビデオ通話による対話文を読んで，あとの問いに答えなさい。

6 本文の理解

> Kenta: Hi, Emma. I'm Kenta. ①You [sitting / the lawn / are / on], right?
> Emma: Yes. We're ②(have) morning tea now.
> Kenta: Morning tea?
> Emma: Yes. We have recess for 30 minutes after first period. ③That student is eating a snack. Those students are chatting on the bench.

(1) 下線部①が「あなたは芝生の上に座っているんですよね。」という意味になるように，〔 〕内の語句を並べかえなさい。

You _____, right?

(2) ②の（ ）内の語を適切な形になおしなさい。

_____

(3) 下線部③を日本語になおしなさい。

(　　　　　　　　　　　　　　　　　　)

(1)クエスチョン・マークで終わっているが，疑問文ではないので注意。

(2)e をとって -ing をつける。

(3)「（今）〜しているところです」という文。

7 次の文を（ ）内の指示にしたがって書きかえるとき，___に適する語を書きなさい。

(1) Kenta is chatting with his friends now. （否定文に）

Kenta _____ _____ with his friends now.

(2) We don't practice soccer. （「〜していません」という文に）

We _____ _____ _____ soccer.

7 否定文

(1)is not を短くした形を使う。

ポイント
・否定文は be 動詞のあとに not を置く。動詞は -ing 形のまま。

8 次の対話が成り立つように，___に適する語を書きなさい。

Mother: (1) Bob, _____ you _____ a comic book? （ボブ，マンガを読んでいるの？）

Bob: (2) No, _____ _____. （ううん，読んでいないよ。）

(3) I _____ _____ English. （英語を勉強しているんだよ。）

8 会話表現

(1)(2)疑問文は主語の前に be 動詞を置く。答えるときも be 動詞を使う。

(3)動詞を -ing 形にする。

9 次の日本文を英語になおしなさい。

(1) 2人の生徒がテニスをしています。

_____

(2) 彼女は英語を書いているのですか。

_____

9 英作文

(1)主語が複数なので，be 動詞は are を使う。

(2)「書く」write の -ing 形を使って表す。

テストに出る！
予想問題

Lesson 5
School Life in Two Countries

🕐 30分

/100点

🎵 **1** 対話と質問を聞いて，その答えとして適するものを一つ選び，記号で答えなさい。

(1)　ア　Yes, she is.　　　イ　No, she isn't.　　　🎵 a14　3点×2〔6点〕
　　　ウ　Yes, she does.　　エ　No, she doesn't.　　　　　（　　　）

(2)　ア　He is eating pizza.　イ　He is making pizza.
　　　ウ　He is watching TV.　エ　He is listening to music.　（　　　）

2 次の日本文にあうように，＿＿＿に適する語を書きなさい。　　4点×5〔20点〕

よく出る (1)　今，東京は9時です。

　　　＿＿＿＿＿＿＿＿＿ 9:00 ＿＿＿＿＿＿＿＿＿ Tokyo now.

(2)　あなたは何時に朝食を食べますか。

　　　＿＿＿＿＿＿＿ ＿＿＿＿＿＿＿ do you eat breakfast?

ミス注意！ (3)　ボブは家から軽食を持ってきます。

　　　Bob ＿＿＿＿＿＿＿ a snack ＿＿＿＿＿＿＿ home.

(4)　メイはかな文字だけ書くことができます。

　　　Meg ＿＿＿＿＿＿ write ＿＿＿＿＿＿ kana letters.

(5)　私は毎日夕食を料理します。—すばらしい。

　　　I cook dinner every day. — ＿＿＿＿＿＿＿ ＿＿＿＿＿＿＿.

3 次の対話が成り立つように，＿＿＿に適する語を書きなさい。　4点×3〔12点〕

(1)　A:　Is Aya practicing badminton?

　　　B:　Yes, ＿＿＿＿＿＿＿ ＿＿＿＿＿＿＿.

(2)　A:　＿＿＿＿＿＿＿ are you ＿＿＿＿＿＿＿?

　　　B:　I'm reading a book.

やや難 (3)　A:　＿＿＿＿＿＿＿ the students singing?

　　　B:　＿＿＿＿＿＿＿, they ＿＿＿＿＿＿＿. They sing very well.

よく出る **4** 次の文を（　）内の指示にしたがって書きかえなさい。　4点×3〔12点〕

(1)　They are walking to the riverbank.　（疑問文に）

　　　＿＿＿＿＿＿＿＿＿＿＿＿＿＿＿＿＿＿＿＿＿＿＿＿＿＿＿＿

(2)　Sophia is dancing on the stage.　（否定を表す文に）

　　　＿＿＿＿＿＿＿＿＿＿＿＿＿＿＿＿＿＿＿＿＿＿＿＿＿＿＿＿

やや難 (3)　Bob is eating ice cream.　（下線部をたずねる文に）

　　　＿＿＿＿＿＿＿＿＿＿＿＿＿＿＿＿＿＿＿＿＿＿＿＿＿＿＿＿

5 次の対話文を読んで，あとの問いに答えなさい。　〔23点〕

Kevin: ①(　　) someone (　　)?
Aya: Yes. ②Some girls [our / practicing / chorus contest / are / for]. We compete (③) a prize.
Kevin: Sounds interesting! I see a girl behind you. ④What is she doing?
Aya: Oh, she's ⑤(write) the words of our song.

(1) 下線部①が「だれかが歌っていますか。」という意味になるように，( )に適する語を書きなさい。〈4点〉

　　　　　　　　　　　, 　　　　　　　　　

(2) 下線部②の[ ]内の語句を並べかえて，意味の通る英文にしなさい。〈5点〉
Some girls 　　　　　　　　　　　　　　.

(3) ③の( )に適する語を書きなさい。〈3点〉

(4) 下線部④の英文を she の内容を明らかにして日本語になおしなさい。〈5点〉
(　　　　　　　　　　　　　　)

(5) ⑤の( )内の語を適する形になおしなさい。〈3点〉

(6) ケビンはアヤの話を聞いてどのように感じましたか。ア〜ウから選び,記号を囲みなさい。
ア　難しそう　　イ　おもしろそう　　ウ　悲しい　〈3点〉

6 [ ]内の語句を並べかえて，日本文にあう英文を書きなさい。　4点×3〔12点〕
(1) 私たちは今，コンピュータを使っていません。
[using / are / our computers / we / not] now.
　　　　　　　　　　　　　　 now.
(2) あなたのお母さんはバラを育てていますか。　[roses / your mother / growing / is]?
(3) だれも海で泳いでいません。　[one / swimming / in the sea / no / is].

7 次の日本文を英語になおしなさい。　5点×3〔15点〕
(1) 私は今，私のTシャツを洗っています。
(2) 私の妹は今，彼女の部屋で勉強していません。
(3) あなたは何を食べているのですか。

Lunch in Chinatown 〜 Restaurant

テストに出る！ **ココ**が**要点**&**チェック！**

疑問詞を使った疑問文

教 p.76〜p.83

1 which で始まる疑問文

➡★(1)(2)

「どの〜」とたずねるときは，〈Which＋名詞〉を文の始めに置く。「どちらを」「どちらが」とたずねるときは，Which を文の始めに置く。

Which restaurant do you recommend**?**
〈which＋名詞〉が文頭

あなたはどのレストランを勧めますか。

— I recommend this restaurant.
どれかを答える

— このレストランを勧めます。

2 why で始まる疑問文

➡★(3)

「なぜ，どうして」と理由をたずねるときは，Why を文の始めに置く。答えるときは，Because 「なぜなら〜，〜なので」で文を始める。

Why do you recommend that restaurant**?**
why が文頭

あなたはなぜそのレストランを勧めるのですか。

— **Because** its spring rolls are delicious.
Because のあとに理由を続ける

— そこの春巻がとてもおいしいからです。

3 who で始まる疑問文

➡★(4)(5)

「だれが」とたずねるときは，Who を文の始めに置く。動詞はふつう，主語が単数の場合の形を使う。

Who wants mango pudding**?**
who が文頭 └─主語が単数のときの形
　　　　　　※ who が主語なので動詞が続く

マンゴー・プリンがほしい人はだれですか。

— I do.
だれかを答える

— 私です。

・ ここがポイント ・
who が主語でない文では，who のあとは be 動詞や do, does などが続く。
Who is that boy?　あの少年はだれですか。

4 whose で始まる疑問文

➡★(6)

「だれの〜」と所有者をたずねるときは，〈Whose＋名詞〉を文の始めに置き，疑問文の形を続ける。

Whose phone is this**?**
〈whose＋名詞〉が文頭

これはだれの携帯電話ですか。

— It's mine. / It's not mine.
だれのものかを答える

— 私のです。／私のではありません。

・ ここがポイント ・
だれのものかを表す語
・mine「私のもの」
・yours「あなたのもの」

飲食店での表現

教 p.85

5 相手に何がほしいかたずねる文

→★(7)(8)

レストランなどで「何になさいますか[何がほしいですか]。」とていねいにたずねるときは，What would you like? と言う。答えるときは I'd like 〜. と言う。

What would you like?
What が文頭

何になさいますか。

— **I'd like** spring rolls.
└ I'd = I would　ほしいものを答える

— 春巻をお願いします。

・ここがポイント・

What would you like? と I'd like 〜.
は What do you want? や I want 〜.
とほぼ同じ意味だが，よりていねいな
言い方である。

6 相手がほしいかどうかをたずねる文

→★(9)(10)

「あなたは〜がほしいですか」とていねいにたずねるときは，Would you like 〜? と言う。

Would you like a cup of tea**?**
└ Would が文頭

紅茶はいかがでしょうか。

— **I'd like** a glass of orange juice.
　　　　　ほしいものを答える

— オレンジジュースを1杯お願いします。

飲食店でよく使う表現

・May I take your order?
　(注文をお取りしましょうか。)

・What would you like? (何になさいますか。)

・All right. (承知しました。)

・Sure. (もちろん。)

覚えよう

飲み物などの数えられない名詞の
量を表すときは，a glass of 〜
(グラス1杯の〜), a cup of 〜
(カップ1杯の〜)などと言う。

☆チェック!　( )内から適する語句を選びなさい。

1
□ (1) (Where / Which) racket do you use?　　あなたはどちらのラケットを使いますか。
□ (2) (Which / What) is your bag?　　あなたのかばんはどちらですか。

2
□ (3) (What / Why) do you like dogs?　　あなたはなぜイヌが好きなのですか。
　　　— (But / Because) they are smart.　　— 賢いからです。

3
□ (4) (Who / When) wants to go to Okinawa?　　だれが沖縄に行きたがっていますか。
□ (5) (How / Who) is your English teacher?　　あなたの英語の先生はだれですか。

4
□ (6) (Who / Whose) cap is that?　　あれはだれの帽子ですか。

5
□ (7) What (are / would) you like?　　何になさいますか。
□ (8) (I / I'd) like pizza.　　ピザをお願いします。

6
□ (9) Would (you / I) like curry and rice?　　カレーライスはいかがですか。
□ (10) I'd like (a lot / a glass) of water.　　私はグラス1杯の水がほしいです。

テスト対策問題

テスト対策ナビ

リスニング

♪ a15

1 対話と質問を聞いて，その答えとして適する絵を一つ選び，記号で答えなさい。

ア　イ　ウ　エ　　（　　）

2 (1)〜(6)は単語の意味を書きなさい。(7)〜(10)は日本語を英語にしなさい。

(1) sign （　　　　） (2) full （　　　　）
(3) both （　　　　） (4) amazing （　　　　）
(5) then （　　　　） (6) mine （　　　　）
(7) 門　＿＿＿＿ (8) 何もかも　＿＿＿＿
(9) 〜を注文する ＿＿＿ (10) take の過去形 ＿＿＿

2 重要単語
(10)不規則動詞の過去形は確実に覚える。

3 次の日本文にあうように，＿＿に適する語を書きなさい。

(1) あなたのペンを使ってもいいですか。
＿＿＿＿ ＿＿＿＿ use your pen?
(2) あなたはどのくらいよくテニスをしますか。
＿＿＿＿ ＿＿＿＿ do you play tennis?
(3) ドアを開けてもよろしいですか。
＿＿＿＿ ＿＿＿＿ open the door?
(4) 私は週に4回サッカーを練習します。
I practice soccer four ＿＿＿＿ ＿＿＿＿ week.

3 重要表現
(1) can には可能と許可の意味がある。
(2) often「しばしば」を使って表す。
(3) Can I 〜? よりもていねいな言い方。
(4)「週〜回」は〜 time(s) a week と言う。

4 〔　〕内の語句を並べかえて，日本文にあう英文を書きなさい。

(1) あなたはどのTシャツが好きですか。
〔 T-shirt / like / do / which / you 〕?
＿＿＿＿＿＿＿

(2) だれがこのコンピュータを使いますか。
〔 uses / computer / who / this 〕?
＿＿＿＿＿＿＿

(3) ボブはなぜその美術館を勧めるのですか。
〔 recommend / Bob / why / the museum / does 〕?
＿＿＿＿＿＿＿

4 疑問詞を使った疑問文
(1)〈Which＋名詞〉を文頭に置く。

ポイント
「だれが」〈Who＋動詞〜?〉の文ではふつう，動詞は主語が単数のときの形にする。

p.45 答 (1) Which (2) Which (3) Why / Because (4) Who (5) Who (6) Whose (7) would (8) I'd (9) you (10) a glass

5 次の対話文を読んで、あとの問いに答えなさい。

> *Bob:* What does that sign say?
> *Kenta:* ① It says "Chinatown." I'm very hungry! ② [do / recommend / which / restaurant / you], Mei?
> *Mei:* Let's eat at this restaurant.
> *Bob:* ③ Why do you recommend that restaurant?
> *Mei:* (④) its spring rolls are delicious.

5 本文の理解

よく出る (1) 下線部①が指すものを本文中の英語2語で答えなさい。

_____ _____

(1) it が指す内容はそれより前の文にあることが多い。

ミス注意! (2) 下線部②が「あなたはどのレストランを勧めますか、メイ。」という意味になるように、〔 〕内の語を並べかえなさい。

_____, Mei?

(3) 下線部③を日本語になおしなさい。

(   )

(3) why は「なぜ、どうして」という意味。

(4) ④の( )に入る1語を書きなさい。   _____

(4)「なぜなら〜」と理由を言う文にする。

(5) メイが勧める中華料理店ではどのメニューがおいしいですか。日本語で書きなさい。   (   )

よく出る 6 次の対話が成り立つように、___に適する語を書きなさい。

> *Clerk:* (1) _____ I _____ your order?
> （ご注文をお取りしてもよろしいですか。）
> *Bob:* Yes, please.
> *Clerk:* (2) What _____ you _____?
> （何になさいますか。）
> *Bob:* (3) _____ _____ an omelet.
> （オムレツをお願いします。）
> *Clerk:* (4) All _____.
> （承知いたしました。）   (注)clerk「店員」

6 会話表現

(1) Can I 〜? よりもていねいな言い方で表す。

(2) What do you want? よりもていねいな言い方で表す。

(3) I want 〜. よりもていねいな言い方で表す。

7 次の日本文を英語になおしなさい。

(1) これはだれのギターですか。

_____

ミス注意! (2) （(1)に答えて）それは私のものです。

_____

(3) 私は毎日グラス1杯の牛乳を飲みます。

_____

7 英作文

(1)「だれの〜」は〈Whose＋名詞〜?〉で表す。

(2)「私のもの」は mine。

(3)「グラス1杯の〜」は a glass of 〜 で表す。

Lesson 6〜Useful Expressions
Lunch in Chinatown 〜 Restaurant

1 対話と質問を聞いて，その答えとして適するものを一つ選び，記号で答えなさい。

(1) ア She likes spring.　　イ She likes summer.　　♪ a16　　3点×2〔6点〕

　　 ウ She likes fall.　　　エ She likes winter.　　　　　　　(　　)

(2) ア Kenta's.　　　　　　イ Kenta's brother's.

　　 ウ Sophia's.　　　　　エ Sophia's brother's.　　　　　　(　　)

2 次の日本文にあうように，＿＿に適する語を書きなさい。　　4点×5〔20点〕

(1) 今日あなたの家に行ってもいいですか。

　　 ＿＿＿＿＿＿＿ ＿＿＿＿＿＿＿＿ go to your house today?

(2) だれがステージで歌いますか。

　　 ＿＿＿＿＿＿＿ ＿＿＿＿＿＿＿＿ on the stage?

(3) その手紙には何と書いてありますか。

　　 ＿＿＿＿＿＿＿ does the letter ＿＿＿＿＿＿＿＿?

(4) あなたはどのくらいよく映画を見ますか。

　　 ＿＿＿＿＿＿＿ ＿＿＿＿＿＿＿＿ do you see a movie?

(5) ((4)に答えて)月に約3回です。

　　 About three ＿＿＿＿＿＿＿ ＿＿＿＿＿＿＿＿ month.

3 次の対話が成り立つように，＿＿に適する語を書きなさい。　　4点×3〔12点〕

(1) A: We ate the spring rolls and the dumplings. ＿＿＿＿ ＿＿＿＿ you like?

　　 B: I liked the dumplings. They were delicious.

(2) A: ＿＿＿＿＿＿＿ do you study English hard?

　　 B: ＿＿＿＿＿＿＿ I want to live in America.

(3) A: What ＿＿＿＿＿＿＿ you like?

　　 B: ＿＿＿＿＿＿＿ like a cup of coffee.

4 次の文を( )内の指示にしたがって書きかえなさい。　　4点×3〔12点〕

(1) I eat this cake. (「〜してもよろしいですか。」とたずねる文に)

＿＿＿＿＿＿＿＿＿＿＿＿＿＿＿＿＿＿＿＿＿＿＿＿＿＿＿＿＿＿＿＿＿＿＿

(2) That girl is my sister, Kumi. (下線部をたずねる文に)

＿＿＿＿＿＿＿＿＿＿＿＿＿＿＿＿＿＿＿＿＿＿＿＿＿＿＿＿＿＿＿＿＿＿＿

(3) This bag is mine. (下線部をたずねる文に)

＿＿＿＿＿＿＿＿＿＿＿＿＿＿＿＿＿＿＿＿＿＿＿＿＿＿＿＿＿＿＿＿＿＿＿

5 次の対話文を読んで，あとの問いに答えなさい。 5点×5〔25点〕

> *Mei:* Is this smartphone （ ① ）, Kenta?
>
> *Kenta:* No, it's not mine.
>
> *Mei:* ②Then, （ ）（ ） is this?
>
> *Bob:* Oh, it's mine. Thanks!
>
> *Mei:* Did you take any good pictures of the dishes here?
>
> *Bob:* Yes. I ③(take) some pictures for my blog.

(1) ①の（ ）に適する語を書きなさい。

_____

(2) 下線部②が「では，これはだれの電話ですか。」という意味になるように，（ ）に適する語を書きなさい。

_____ _____

(3) ③の（ ）内の語を適する形になおしなさい。

_____

(4) 本文の内容にあうように，次の問いに3語の英語で答えなさい。

Did Bob take any pictures for his blog?

— _____

(5) スマートフォンはだれのものでしたか。ア〜ウから選び，記号を囲みなさい。

ア メイ　　イ ケンタ　　ウ ボブ

6 〔 〕内の語句を並べかえて，日本文にあう英文を書きなさい。 5点×3〔15点〕

(1) 私はたくさん英語を勉強しました。　（1語補う）

〔 English / I / lot / studied 〕.

_____

(2) マンゴー・プリンを食べたのはだれですか。　（1語不要）

〔 did / mango pudding / who / ate 〕?

_____

(3) グラス1杯のパイナップルジュースはいかがですか。

〔 you / glass / pineapple juice / would / like / of / a 〕?

_____

7 次の日本文を英語になおしなさい。 5点×2〔10点〕

(1) だれがこの家に住んでいますか。

_____

(2) あなたのお母さんはどの歌をしばしば歌いますか。

_____

Lesson 7 〜 Reading 2

Symbols and Signs 〜 An Old Woman and a Dog

テストに出る！ ココが要点&チェック！

「〜する必要がある[ない]」と伝える文

教 p.88〜p.89

1 have to 〜の文

→★(1)〜(4)

客観的な理由から「〜する必要がある」と言うときは，〈have[has] to ＋動詞の原形〉で表す。「〜する必要がない」は，〈don't[doesn't] have to ＋動詞の原形〉で表す。

You have to take off your shoes.　　　　靴を脱がなければなりません。
    └〈have to ＋動詞の原形〉

You don't have to put your shoes into the shoe box.　　靴は靴箱に入れる必要はありません。
    └〈don't have to ＋動詞の原形〉

Bob has to do his homework by tomorrow.　　ボブは明日までに宿題をしなければなりません。
    └〈has to ＋動詞の原形〉　　※主語が I と you 以外で単数なので has to 〜

Bob doesn't have to do his homework by tomorrow.
    └〈doesn't have to ＋動詞の原形〉　　　※主語が I と you 以外で単数なので doesn't have to 〜

ボブは明日までに宿題をする必要はありません。

助動詞を使った文

教 p.90〜p.93

2 助動詞 must を使った文

→★(5)(6)

「〜しなくてはいけない」と「強い命令」を伝えるときは，〈must ＋動詞の原形〉で表す。「〜してはいけない」と「禁止」を伝えるときは，〈must not[mustn't] ＋動詞の原形〉で表す。

I 　　　study hard this week.　　　今週は一生懸命勉強します。
 ⇩　　　　　　　　　　　　　※意味の違いに注意 ⇩

I must study hard this week.　　　今週は一生懸命勉強しなければなりません。
  └〈must ＋動詞の原形〉

I mustn't play video games.　　　私はテレビ・ゲームをしてはなりません。
  └〈mustn't ＋動詞の原形〉　　※ mustn't は must not を短くした形

> **助動詞**
> 助動詞は動詞を助ける役目をするもので，動詞にいろいろな意味を付け加える。

3 助動詞 may を使った文①

→★(7)

「〜してもよろしいですか」と目上の人に許可を求めるときは，〈May I ＋動詞の原形〜?〉で表す。答えるときは Sure. などと言う。

May I start?　　　始めてもいいですか。
  └〈May I ＋動詞の原形〉

— Sure.　　　もちろん。

> **May I 〜? と Can I 〜?**
> 相手に許可を求める表現には Can I 〜? もあるが，May I 〜? の方がよりていねいな言い方になる。

4 助動詞 may を使った文②　→★★(8)

「〜かもしれない」と予想を伝えるときは，〈may＋動詞の原形〉で表す。

Bob **may** help you.　　ボブがあなたを手伝ってくれるかもしれません。
└─〈may＋動詞の原形〉

・ 助動詞のまとめ① ・

・can「〜することができる」　I can play the guitar.　　私はギターをひくことができます。
・must「〜しなければならない」　I must get up early.　　私は早く起きなければなりません。
　　　　　　　　　　　　　　You must not eat here.　　ここで食べてはいけません。
・may「〜かもしれない」　　He may like the book.　　彼はその本を気に入るかもしれません。

・ 助動詞を使った表現 ・

・Can I 〜?「〜してもいいですか」　　・Can you 〜?「〜してくれませんか」
・May I 〜?「〜してもよろしいですか」　・I'd[I would] like 〜.「〜をお願いします」
・Would you like 〜?「〜はいかがですか」

できることを伝える文　教 p.92〜p.93

5 be able to 〜の文　→★★(9)(10)

「〜できる」と可能を表すときは，〈be 動詞＋able to＋動詞の原形〉で表す。be 動詞は主語に応じて，am, is, are などを使う。

He **is able to** read difficult English books.　　彼は難しい英語の本を読むことができます。
　　　└─〈be 動詞＋able to＋動詞の原形〉※主語が he なので be 動詞は is

＝He can read difficult English books.

☆チェック！　（　）内から適する語句を選びなさい。

1
- □ (1) I (have / must) to cook dinner today.　　私は今日夕食をつくらなければなりません。
- □ (2) You (aren't / don't) have to bring lunch.　　昼食を持ってくる必要はありません。
- □ (3) Mei (have / has) to go to the hospital.　　メイは病院に行く必要があります。
- □ (4) Kenta doesn't (have / has) to wash the dishes.　　ケンタは皿を洗う必要はありません。

2
- □ (5) You (must / have) practice hard.　　あなたは一生懸命練習しなければなりません。
- □ (6) We (can't / mustn't) take a picture here.　　私たちはここで写真を撮ってはいけません。

3
- □ (7) (May / Must) I use your computer?　　あなたのコンピュータを使ってもいいですか。

4
- □ (8) It (must / may) be rainy in the afternoon.　　午後は雨降りかもしれません。

5
- □ (9) I'm (able / can) to speak Chinese.　　私は中国語を話すことができます。
- □ (10) Bob is able (swim / to swim) fast.　　ボブは速く泳ぐことができます。

テスト対策問題

テスト対策 ナビ

♪ リスニング

♪ a17

1 対話と質問を聞いて, その答えとして適する絵を一つ選び, 記号で答えなさい。

( )

2 (1)〜(6)は単語の意味を書きなさい。(7)〜(10)は日本語を英語にしなさい。

(1) neighbor (　　　　) (2) ready (　　　　)
(3) important (　　　　) (4) quiet (　　　　)
(5) inside (　　　　) (6) lonely (　　　　)
(7) 〜を意味する ＿＿＿＿＿ (8) 〜に答える ＿＿＿＿＿
(9) 言語, ことば ＿＿＿＿＿ (10) buy の過去形 ＿＿＿＿＿

2 重要単語
(10)不規則動詞の過去形は確実に覚える。

3 次の日本文にあうように, ＿＿に適する語を書きなさい。
(1) どうか靴を脱いでください。
Please ＿＿＿＿＿ ＿＿＿＿＿ your shoes.
(2) この語は何を意味しますか。
What does this word ＿＿＿＿＿ ＿＿＿＿＿?
(3) 私たちはそのレストランに入りました。
We ＿＿＿＿＿ ＿＿＿＿＿ the restaurant.
(4) ボブはテーブルの席につきました。
Bob ＿＿＿＿＿ ＿＿＿＿＿ at the table.

3 重要表現
(1) take「手に取る」を使って表す。
(2) stand「〜の状態にある」を使って表す。
(3) go は不規則動詞で過去形は went。
(4) sit は不規則動詞で過去形は sat。

4 〔 〕内の語句を並べかえて, 日本文にあう英文を書きなさい。
(1) ボブは今日, たくさんの宿題をしなければなりません。
Bob〔 a lot of / must / homework / do 〕today.
Bob ＿＿＿＿＿ today.
(2) ここを横断してはいけません。
〔 not / you / cross / must 〕here.
＿＿＿＿＿ here.
(3) 日本語で答えてもよろしいですか。
〔 answer / Japanese / may / in / I 〕?
＿＿＿＿＿

4 助動詞を使った文

ポイント
助動詞のあとは主語にかかわらず常に動詞の原形が続く。また, 助動詞そのものに s や es もつかない。

(3)「〜語で」は〈in＋言語名〉で表す。

5 アヤが英語の授業で標識クイズをしています。次の対話文を読んで，あとの問いに答えなさい。

Aya: Right! What does this mean then?
Kenta: ① Penguins have to cross here.
Aya: No, Kenta. Penguins cannot read the sign.
Kenta: I was just （ ② ）. ③ [slowly / drivers / go / must].
---

(1) 下線部①を日本語になおしなさい。
（　　　　　　　　　　　　　　　　　　　　　　　　　　）

(2) ②の（　）に適する語をア～ウから選び，記号で答えなさい。
ア playing　イ kidding　ウ reaching　（　　）

(3) 下線部③が「運転手はゆっくり行かなければなりません。」という意味になるように，〔　〕内の語を並べかえなさい。
_____.

6 次の文をほぼ同じ内容の文に書きかえるとき，＿＿に適する語を書きなさい。

(1) I must buy milk at the supermarket.
I _____ _____ buy milk at the supermarket.

(2) Sophia can draw pictures well.
Sophia is _____ _____ draw pictures well.

7 次の対話が成り立つように，＿＿に適する語を書きなさい。
Aya: What does this *kanji* mean? I like it very much.
(1) _____ you _____ ?
（推測できますか。）
Emily: (2) I have _____ _____ .
（わかりません。）
Aya: It means "friend"!

8 次の日本文を英語になおしなさい。
(1) 彼女はピアノを練習しなければなりません。　（to を使って）
_____
(2) 私は図書館に行くかもしれません。
_____
(3) あなたは靴を脱ぐ必要はありません。
_____

5 本文の理解
(1) have to ~ は「～する必要がある」という意味。
(2)ケンタは冗談を言っている。
(3) must ~ は「～しなくてはならない」という意味。

6 have to ~, be able to ~の文

ポイント
・have to ~の文は主語にあわせて have または has を使う。
・be able to ~の文は主語にあわせて be動詞を使い分ける。

7 会話表現
(1)「～を推測する」＝guess
(2)「私には考えがありません。」と考える。

8 英作文
(1)主語が I と you 以外の単数であることに注意。
(2)「～かもしれない」は助動詞 may を使って表す。

テストに出る！
予想問題

Lesson 7 ～ Reading 2　①
Symbols and Signs ～ An Old Woman and a Dog

⏱ 30分

/100点

1 対話を聞いて，その内容に適するものを一つ選び，記号で答えなさい。　♪ a18　2点×3〔6点〕

(1) ケビンのお母さんは(ア　ケーキ　　イ　夕食)を作らなければなりません。　（　　　）

(2) ケビンは(ア　月曜日　　イ　火曜日)までに宿題をしなければなりません。　（　　　）

(3) ケビンのお母さんはケビンの(ア　お姉さん　　イ　お兄さん)が手伝ってくれるかもしれないと思っています。　（　　　）

2 次の日本文にあうように，＿＿＿に適する語を書きなさい。　4点×5〔20点〕

よく出る (1) 私は長い間何も飲みませんでした。

I didn't drink anything ＿＿＿＿＿＿＿ a long ＿＿＿＿＿＿＿.

(2) グラス1杯の水はありますか。

Do you have a ＿＿＿＿＿＿＿ ＿＿＿＿＿＿＿ water?

(3) あなたのイヌの写真を撮ってもよろしいですか。

＿＿＿＿＿＿＿＿＿＿ take a picture of your dog?

(4) ごめん，ほんの冗談だよ。

Sorry, I was ＿＿＿＿＿＿＿ ＿＿＿＿＿＿＿.

ミス注意 (5) 彼らは日本語を話すことができません。

They ＿＿＿＿＿＿＿ ＿＿＿＿＿＿＿ to speak Japanese.

3 次の対話が成り立つように，＿＿＿に適する語を□から選んで書きなさい。ただし，同じ語は1回しか使えません。　4点×3〔12点〕

(1) A: What does this word stand ＿＿＿＿＿＿＿?

B: I have ＿＿＿＿＿＿＿ idea.

(2) A: Do I ＿＿＿＿＿＿＿ to speak English during the class?

B: No. You ＿＿＿＿＿＿＿ speak Japanese.

やや難 (3) A: Look at the sky. It ＿＿＿＿＿＿＿ be snowy.

B: You're right. I ＿＿＿＿＿＿＿ bring a sweater.

can	must
no	may
have	for

4 次の文を(　　)内の指示にしたがって書きかえなさい。　5点×3〔15点〕

よく出る

(1) Can you play the violin?　（ほぼ同じ意味の文に）

＿＿＿＿＿＿＿＿＿＿＿＿＿＿＿＿＿＿＿＿＿＿＿＿

ミス注意 (2) Kevin must buy some notebooks.　（ほぼ同じ意味の文に）

＿＿＿＿＿＿＿＿＿＿＿＿＿＿＿＿＿＿＿＿＿＿＿＿

(3) Can I eat these sandwiches?　（目上の人に許可を求める文に）

＿＿＿＿＿＿＿＿＿＿＿＿＿＿＿＿＿＿＿＿＿＿＿＿

5 次の英文を読んで，あとの問いに答えなさい。 〔20点〕

> ① In a global society, [have / learn / do / to / people] many languages?　Not really.　② Pictograms may help.
>
> In 1964, the Japanese Olympic Committee created many pictograms ③ for the (　　　)(　　　).　Visitors were (　④　) to find first-aid rooms easily, for example.

(1) 下線部①の〔　〕内の語を並べかえて，意味の通る英文にしなさい。 〈5点〉

　In a global society, ＿＿＿＿＿＿＿＿＿＿＿＿＿＿＿＿＿ many languages?

(2) 下線部②の英文を日本語になおしなさい。 〈5点〉

　(　　　　　　　　　　　　　　　　　　　　　　　　　　)

(3) 下線部③が「初めて」という意味になるように，(　)に適する語を書きなさい。 〈4点〉

　　　　　　　　　　　　　　　＿＿＿＿＿＿＿　＿＿＿＿＿＿＿

(4) ④の(　)に適する語を書きなさい。 〈3点〉

　　　　　　　　　　　　　　　　　　　　　　＿＿＿＿＿＿＿

(5) 日本オリンピック委員会が考案したピクトグラムのおかげで，訪問者は何を簡単に見つけることができましたか。例として本文で挙げられているものをア～ウから選び，記号で答えなさい。 〈3点〉

　ア　売店　　イ　切符売り場　　ウ　救急室 (　　　)

6 〔　〕内の語句を並べかえて，日本文にあう英文を書きなさい。 4点×3〔12点〕

(1) 「その男の子は寂しいのかもしれない。」と私は思いました。

　I thought, "[be / the boy / lonely / may]."

　I thought, "＿＿＿＿＿＿＿＿＿＿＿＿＿＿＿＿＿＿＿＿＿＿."

(2) 父は今日，オフィスに行く必要がありません。

　[not / go / does / to / my father / have] to the office today.

　＿＿＿＿＿＿＿＿＿＿＿＿＿＿＿＿＿＿ to the office today.

(3) 私は部屋の中に入ってテーブルの席につきました。

　I [the room / at / went / and / down / into / sat] the table.

　I ＿＿＿＿＿＿＿＿＿＿＿＿＿＿＿＿＿＿＿＿＿ the table.

7 次の日本文を英語になおしなさい。 5点×3〔15点〕

(1) あなたたちはその公園で野球をしてはいけません。

　＿＿＿＿＿＿＿＿＿＿＿＿＿＿＿＿＿＿＿＿＿＿＿＿＿＿

(2) あなたは今日，数学を勉強しなければなりませんか。　(to を使って)

　＿＿＿＿＿＿＿＿＿＿＿＿＿＿＿＿＿＿＿＿＿＿＿＿＿＿

(3) 私の祖母はコンピュータを使うことができます。　(to を使って)

　＿＿＿＿＿＿＿＿＿＿＿＿＿＿＿＿＿＿＿＿＿＿＿＿＿＿

テストに出る！

予想問題

Lesson 7 〜 Reading 2　②
Symbols and Signs 〜 An Old Woman and a Dog

⏱ 30分　/100点

1 対話と質問を聞いて，その答えとして適するものを一つ選び，記号で答えなさい。

(1)　ア　Yes, he is.　　　　イ　No, he isn't.　　♪ a19　3点×2〔6点〕
　　　ウ　Yes, he can.　　　エ　No, he cannot.　　　　（　　）

(2)　ア　He has to practice tennis.　　イ　He has to go to the library.
　　　ウ　He has to do his homework.　　エ　He has to help his mother.　（　　）

2 CとDの関係が，AとBの関係と同じになるように，＿＿に適する語を書きなさい。

3点×5〔15点〕

	A	B	C	D
(1)	do not	don't	must not	＿＿＿＿＿
(2)	play	player	visit	＿＿＿＿＿
(3)	person	people	foot	＿＿＿＿＿
(4)	make	made	think	＿＿＿＿＿
(5)	sit	sat	say	＿＿＿＿＿

3 次の日本文にあうように，＿＿に適する語を書きなさい。　3点×4〔12点〕

(1)　私は初めて北海道へ行きました。

　　I went to Hokkaido ＿＿＿＿＿＿ the first ＿＿＿＿＿＿.

(2)　ここで服を脱いでもいいですか。

　　Can I ＿＿＿＿＿＿ ＿＿＿＿＿＿ my clothes here?

(3)　イヌはテーブルの下で跳び上がりました。

　　The dog ＿＿＿＿＿＿ ＿＿＿＿＿＿ under the table.

(4)　あなたはその俳優に会えましたか。

　　＿＿＿＿＿＿ you ＿＿＿＿＿＿ to see the actor?

4 次の文を（　）内の指示にしたがって書きかえなさい。　4点×3〔12点〕

(1)　I have to buy a souvenir for my family.（ほぼ同じ内容の文に）

　　＿＿＿＿＿＿＿＿＿＿＿＿＿＿＿＿＿

(2)　Sophia likes *natto*.（「〜かもしれない」と予測する文に）

　　＿＿＿＿＿＿＿＿＿＿＿＿＿＿＿＿＿

(3)　What does your name mean?（下線部をほぼ同じ意味の2語にかえて）

　　＿＿＿＿＿＿＿＿＿＿＿＿＿＿＿＿＿

5 次の英文を読んで、あとの問いに答えなさい。　　　　　　　　　　〔25点〕

Meg was very （　①　）.　②She [shop / into / coffee / went / a].　An old woman was at a table near the door.　A small dog was at her feet.

Meg ③(buy) a glass of juice and some cookies.　④She sat down at the table next to the old woman.　⑤(その年老いた女性はとても静かでした。)

(1) ①の(　)に適する語を、ア～ウから選び、記号で答えなさい。　　　〈3点〉
　　ア　thirsty　　イ　easy　　ウ　global　　　　　　　　　　　（　　　）

(2) 下線部②の[　]内の語を並べかえて、意味の通る英文にしなさい。　〈4点〉
　　She _____.

(3) ③の(　)内の語を適する形にかえなさい。　　　　　　　　　　〈3点〉
　　　　　　　　　　　　　　　　　　　　　　　　　_____

(4) 下線部④の英文を日本語になおしなさい。　　　　　　　　　　　〈5点〉
　　(　　　　　　　　　　　　　　　　　　　　　　　　　　　　　　)

(5) ⑤を英語になおしなさい。　　　　　　　　　　　　　　　　　　〈5点〉
　　_____

(6) 本文の内容にあうように、次の問いに対する答えを書きなさい。　〈5点〉
　　Where was a small dog?
　　— It _____.

6 次の日本文を英語になおしなさい。　　　　　　　　　　5点×4〔20点〕
(1) その女の子は1本のペンを手に取りました。
　　_____

(2) アヤ(Aya)は今日、早く起きる必要がありませんでした。
　　_____

(3) 私たちはたくさんの言語を勉強しなければなりません。　（many を使って5語で）
　　_____

(4) 私は英語で答えることができます。　（to を使って）
　　_____

7 次の質問に、あなた自身の答えを英語で書きなさい。ただし、主語と動詞のある文で書くこと。
　　　　　　　　　　　　　　　　　　　　　　　　　　5点×2〔10点〕
(1) Are you able to ride a unicycle?
　　_____

(2) What do you have to do next Sunday?
　　_____

Lesson 8

Holiday in Hokkaido

テストに出る！ **ココ**が**要点**&**チェック！**

予定や計画を述べる文　　　　　　　　　　　教 p.102〜p.103

1 be going to の文　　　　　　　　　　→★(1)(2)

「〜するつもりです」とすでに決めた予定を言うときは，〈be 動詞＋going to＋動詞の原形〉で表す。be 動詞は主語に応じて am, is, are を使い分ける。

I 　　　　　visit the zoo. 　　私は動物園を訪れます。

　　⇩　　　　　　　※意味の違いに注意 ⇩

I'm going to visit the zoo. 　私は動物園を訪れるつもりです。
〈be 動詞 (am) ＋going to＋動詞の原形〉

2 be going to の疑問文　　　　　　　　→★(3)(4)

「〜するつもりですか」とたずねるときは，be 動詞を主語の前に置き，〈be 動詞＋主語＋going to＋動詞の原形〜?〉で表す。

What are you **going to** do in Hokkaido**?** 　あなたたちは北海道で何をするつもりですか。
〈be 動詞＋主語＋going to〉

— We **are going to** visit the zoo. 　　　— 私たちは動物園に行くつもりです。

基本の形は疑問文・否定文ともに be 動詞の文と同じ。

・Are you going to play tennis tomorrow? 　あなたは明日テニスをするつもりですか。
　— Yes, I am. / No, I am not[I'm not]. 　　— はい，します。／いいえ，しません。
・Kenta is not going to study English. 　　ケンタは英語を勉強するつもりではありません。

未来のことについて予想を述べる文　　　　教 p.104〜p.107

3 will の文　　　　　　　　　　　　　→★(5)

「〜だろう」と未来の予想を言うときは，助動詞 will を使い，〈will＋動詞の原形〉で表す。

It 　　snows. 　　　　　雪が降ります。

　⇩※動詞は原形を使う 　⇩※意味の違いに注意

It **will** snow 　tomorrow. 　明日は雪が降るでしょう。
〈will＋動詞の原形〉

┌─── • 未来の予想を表す進行形 • ───┐
進行形でも「（まもなく）〜します」と未来の予想を表すことができる。

Aya is coming to my house soon.
まもなくアヤが私の家に来ます。
≒Aya will come to my house soon.
└──────────────────────┘

4 will の否定を表す文 (6)

「〜ではないだろう」と未来の予想を言うときは，〈will not＋動詞の原形〉で表す。will not は短縮して won't と表すことが多い。

Kenta　will　play in the soccer game.　ケンタはサッカーの試合でプレーするでしょう。

⇩ ※ will のあとに not を置く

Kenta won't play in the soccer game.　ケンタはサッカーの試合でプレーしないでしょう。

〈won't＋動詞の原形〉　※ won't は will not を短くした形

• will の疑問文 •

「〜だろうか」と未来のことをたずねるときは，will を主語の前に置き，〈Will＋主語＋動詞の原形〜?〉で表す。

すべきことを述べる文

教 p.106〜p.107

5 助動詞 should を使った文 (7)

「〜すべきだ，〜したほうがよい」とすべきことを言うときは，助動詞 should を使い，〈should＋動詞の原形〉で表す。

You　　　read this article.　あなたはこの記事を読みます。

⇩

You should read this article.　あなたはこの記事を読むべきです。

〈should＋動詞の原形〉

• 助動詞のまとめ② •

・can 「〜することができる」　・must 「〜しなければならない」
・may 「〜かもしれない」　　　・will 「〜だろう」
・should 「〜すべきだ」
※助動詞のあとは主語にかかわらず動詞の原形が続く。

☆チェック！　( )内から適する語句を選びなさい。

1 □ (1) We (are / will) going to study at the library.　私たちは図書館で勉強するつもりです。
　□ (2) Bob is going to (buy / buys) a bike.　ボブは自転車を買うつもりです。

2 □ (3) What (he is / is he) going to eat at the restaurant?　彼はそのレストランで何を食べるつもりですか。
　□ (4) (Are / Do) they going to make curry?　彼らはカレーをつくるつもりですか。
　　　 — Yes, they (are / do).　— はい，つくるつもりです。

3 □ (5) She (is / will) like our school.　彼女は私たちの学校を気に入るでしょう。

4 □ (6) It (doesn't / won't) snow in the afternoon.　午後は雪が降らないでしょう。

5 □ (7) You (can / should) do your homework.　あなたは宿題をするべきです。

☆チェック！ の答えは次ページ➡

テスト対策問題

テスト対策☆ナビ

♪ a20

リスニング

1 対話と質問を聞いて，その答えとして適する絵を一つ選び，記号で答えなさい。

ア　イ Kenji　ウ Kenji　エ Kenji

（　　　）

2 (1)〜(6)は単語の意味を書きなさい。(7)〜(10)は日本語を英語にしなさい。

(1) plan （　　　　　　）　(2) move （　　　　　　）

(3) scene （　　　　　　）　(4) appear （　　　　　　）

(5) difference（　　　　　）　(6) huge （　　　　　　）

(7) カメラ ＿＿＿＿＿＿　(8) あした ＿＿＿＿＿＿

(9) 記事 ＿＿＿＿＿＿　(10) 事態, 状況 ＿＿＿＿＿＿

2 重要単語

(8)〜(10)英語のつづりがやや複雑なので注意しよう。

3 次の日本文にあうように，＿＿に適する語を書きなさい。 **よく出る**

(1) ボブは数日でイギリスに戻りました。

Bob went back to the U.K. in ＿＿＿＿＿ ＿＿＿＿＿ days.

(2) 私の夢が実現しました。My dream ＿＿＿＿＿ ＿＿＿＿＿.

(3) せんすとうちわの違いは何ですか。

What's the difference ＿＿＿＿＿ *sensu* ＿＿＿＿＿ *uchiwa*?

3 重要表現

(1)「多少の」という意味の語句を使って表す。

(2) true「真実の，本当の」を使って表す。

(3) between「〜の間に」を使って表す。

4 〔　〕内の語を並べかえて，日本文にあう英文を書きなさい。

(1) 私は新しいカメラを買うつもりです。

〔 going / I / buy / am / to 〕 a new camera.

＿＿＿＿＿＿＿＿＿＿＿＿＿＿ a new camera.

(2) あなたは夕食に何を料理するつもりですか。

〔 are / going / cook / what / to / you 〕 for dinner?

＿＿＿＿＿＿＿＿＿＿＿＿＿＿ for dinner?

4 be going to 〜 の文

ポイント

・「〜するつもりです」は〈be動詞＋going to＋動詞の原形〉で表す。

・「〜するつもりですか」は be 動詞を主語の前に置く。

5 次の日本文にあうように，＿＿に適する語を書きなさい。

(1) ケンタは次の試合に勝つでしょう。

Kenta ＿＿＿＿＿＿ ＿＿＿＿＿＿ the next game.

(2) 明日は寒くないでしょう。

It ＿＿＿＿＿＿ ＿＿＿＿＿＿ be cold tomorrow.

5 will の文

ポイント

・「〜だろう」は〈will＋動詞の原形〉で表す。

・「〜ではないだろう」は〈will not［won't〕＋動詞の原形〉で表す。

p.59 答　(1) are　(2) buy　(3) is he　(4) Are / are　(5) will　(6) won't　(7) should

6 次の対話文を読んで，あとの問いに答えなさい。なお，1行目の
She はアヤの友達のハンナ(Hanna)，3行目の there は北海道を
指します。

6 本文の理解

Aya: She was my classmate in elementary school. ① She (　　　)(　　　)
Hokkaido (　　　) spring.

Bob: Oh, I see. ② What are you going to do there?

Aya: We have some plans. ③ [visit / to / we're / Asahiyama Zoo / going], for
example.

---

(1) 下線部①が「彼女はこの前の春に北海道へ引っ越しました。」
という意味を表すように，（　）に適する語を書きなさい。

＿＿＿＿＿＿＿ ＿＿＿＿＿＿，＿＿＿＿＿＿

(2) 下線部②を日本語になおしなさい。
(　　　　　　　　　　　　　　　　　　　　　　　　)

(3) 下線部③が「私たちは例えば，旭山動物園を訪れるつもりで
す。」という意味になるように，〔　〕内の語句を並べかえなさい。

＿＿＿＿＿＿＿＿＿＿＿＿＿＿＿, for example.

(4) アヤとハンナはいつ同級生でしたか。日本語で書きなさい。
(　　　　　　　　　　　　　)のとき

(2)「～するつもりです
か」とすでに決めた予
定についてたずねる文。
(3)「～するつもりです」
は〈be 動詞＋going to
＋動詞の原形〉で表す。
(4)elementary school
の意味を考える。

7 次の対話が成り立つように，＿＿に適する語を書きなさい。

Mei: (1) I'm ＿＿＿＿＿＿ ＿＿＿＿＿＿ visit Okinawa in
July.（私は7月に沖縄を訪れるつもりです。）

Bob: (2) ＿＿＿＿＿ you ＿＿＿＿＿ to swim there?
（あなたはそこで泳ぐつもりですか。）

Mei: (3) Yes, ＿＿＿＿＿ ＿＿＿＿＿.
（はい，もちろんです。）

Bob: (4) You ＿＿＿＿＿ ＿＿＿＿＿ your vacation.
（あなたは休暇を楽しむでしょうね。）

7 会話表現
(1)(2)(4)〈be 動詞＋
going to＋動詞の原
形〉または〈will＋動詞
の原形〉のいずれかで
表す。

8 次の日本文を英語になおしなさい。

(1) あなたは毎日英語を勉強すべきです。

＿＿＿＿＿＿＿＿＿＿＿＿＿＿＿＿＿＿＿＿

(2) 彼は今日，彼の自転車を使わないでしょう。（6語で）

＿＿＿＿＿＿＿＿＿＿＿＿＿＿＿＿＿＿＿＿

(3) 私と私の兄は彼女を手伝うつもりです。

＿＿＿＿＿＿＿＿＿＿＿＿＿＿＿＿＿＿＿＿

8 英作文
(1)「～すべきだ」は
〈should＋動詞の原形〉
で表す。
(2)「～ではないだろう」
は〈will not［won't］＋
動詞の原形〉で表す。

テストに出る！
予想問題

Lesson 8
Holiday in Hokkaido

⏱ 30分

/100点

🎵 **1** 対話と質問を聞いて，その答えとして適するものを一つ選び，記号で答えなさい。

(1)　ア　Yes, he is.　　　イ　No, he isn't.　　　🎵 a21　3点×2〔6点〕

　　ウ　Yes, he does.　　エ　No, he doesn't.　　　　　　　　　（　　　）

(2)　ア　It will be sunny.　イ　It will be rainy.

　　ウ　It will be snowy.　エ　It will be cloudy.　　　　　　　（　　　）

2 次の日本文にあうように，＿＿に適する語を書きなさい。　　4点×5〔20点〕

(1)　ところで，あなたはすしは好きですか。

　　＿＿＿＿＿＿＿＿＿ the ＿＿＿＿＿＿＿, do you like sushi?

よく出る (2)　私はコーヒーがほしいです。—わかりました。はい，どうぞ。

　　I want a cup of coffee. — OK. ＿＿＿＿＿＿＿ you ＿＿＿＿＿＿＿.

(3)　ついに，私はそのレストランに行きました。

　　＿＿＿＿＿＿＿＿＿ ＿＿＿＿＿＿＿＿＿, I went to the restaurant.

(4)　私の家は公園と図書館の間です。

　　My house is ＿＿＿＿＿＿＿ the park ＿＿＿＿＿＿＿ the library.

ミス注意！ (5)　ケビンは私たちの野球チームに参加するべきです。

　　Kevin ＿＿＿＿＿＿＿ ＿＿＿＿＿＿＿ our baseball team.

よく出る **3** 次の文を（　）内の指示にしたがって書きかえなさい。　　4点×3〔12点〕

(1)　They're going to go to your house tomorrow.　（疑問文に）

　　＿＿＿＿＿＿＿＿＿＿＿＿＿＿＿＿＿＿＿＿＿＿＿＿＿＿＿＿＿＿＿＿＿＿

(2)　Jack will become a good baseball player.　（否定する文に）

　　＿＿＿＿＿＿＿＿＿＿＿＿＿＿＿＿＿＿＿＿＿＿＿＿＿＿＿＿＿＿＿＿＿＿

やや難 (3)　I'm going to practice tennis next Sunday.　（下線部をたずねる文に）

　　＿＿＿＿＿＿＿＿＿＿＿＿＿＿＿＿＿＿＿＿＿＿＿＿＿＿＿＿＿＿＿＿＿＿

4 次の対話が成り立つように，＿＿に適する語を書きなさい。　　4点×3〔12点〕

(1)　A:　＿＿＿＿＿＿＿ your sister ＿＿＿＿＿＿＿ to study in London next year?

　　B:　Yes, she is.

(2)　A:　I want to be a doctor.

　　B:　You study very hard. Your dream ＿＿＿＿＿＿＿ come ＿＿＿＿＿＿＿.

やや難 (3)　A:　＿＿＿＿＿＿＿ Bob arrive in Japan tomorrow morning?

　　B:　No. He's ＿＿＿＿＿＿＿ soon.

5 北海道に住む友達のハンナを訪ねたアヤが空港に到着しました。次の対話文を読んで，あとの問いに答えなさい。　〔23点〕

> *Hanna:* Are you taking your camera （　①　） you, Aya? ②We have （　　　　）（　　　　） wonderful （　　　　）.
> *Aya:* ③Yes, （　　　　）（　　　　）. Is it ④(snow) now?
> *Hanna:* No, it isn't now. ⑤But [snow / it / tomorrow / will].

やや難 (1) ①の（　）に適する語を書きなさい。　〈4点〉

_____

(2) 下線部②，③がそれぞれ次の意味を表すように，（　）に適する語を書きなさい。
　② 「私たちにはたくさんのすばらしい名所があります。」　4点×2〈8点〉

_____ _____, _____

　③ 「はい，もちろん。」　_____ _____

(3) ④の（　）内の動詞を適する形になおしなさい。　〈4点〉

_____

(4) 下線部⑤の[　]内の語を並べかえて，意味の通る英文にしなさい。　〈4点〉
But _____.

(5) ハンナはアヤに何を持ってきているかたずねましたか。ア〜ウから選び，記号で答えなさい。
　ア　傘　　イ　財布　　ウ　カメラ　〈3点〉

（　　　　）

やや難 **6** [　]内の語を並べかえて，日本文にあう英文を書きなさい。　5点×3〔15点〕
(1) ケンタは明日早起きしないでしょう。　（1語補う）
[tomorrow / get / Kenta / early / up].

_____

ミス注意! (2) あなたたちはたくさんの本を読むべきです。　（1語不要）
[many / you / to / books / should / read].

_____

(3) アヤは北海道でどこへ行くつもりですか。
[go / where / in / going / is / Aya / to] Hokkaido?

_____ Hokkaido?

7 次の日本文を英語になおしなさい。　6点×2〔12点〕
(1) あなたはそこでたくさんの種類の動物を見るでしょう。

_____

やや難 (2) 私はこれらの花のスケッチを描くつもりです。

_____

Lesson 9 〜 Further Reading

Helping the Planet 〜 The Letter

テストに出る！ **ココ**が**要点**&**チェック！**

「〜そうに見える／聞こえる」と伝える文

教 p.112〜p.113

1 look 〜, sound 〜の文

→★(1)(2)

「〜そうに見える」と言うときは，〈look＋形容詞〉で表す。「〜そうに聞こえる」と言うときは，〈sound＋形容詞〉で表す。

You **look** sleepy.　　　あなたは眠そうに見えます。
└─〈look＋形容詞〉
※「あなた」＝「眠い」の関係が成り立つ

That **sounds** scary.　　　それは怖そうに聞こえます。
└─〈sound＋形容詞〉
※「それ」＝「怖い」の関係が成り立つ

┌─── **覚えておきたい表現** ───┐
〈sound＋形容詞〉は相づちを打つとき
によく使われる。
　That sounds nice.
　Sounds nice.　（すてきですね。）
　　※ That は省略されることも多い。
└─────────────────┘

「…に〜がいる（ある）」と伝える文

教 p.114〜p.117

2 There is[are] 〜. の文

→★(3)(4)

「（場所）に〜がいる[ある]」と存在を表すときは，There is[are] 〜. で表す。単数のものや人については There is 〜., 複数のものや人については There are 〜. を使う。

There is an air conditioner in my house.　　　私の家にはエアコンがあります。
└─〈There is＋単数名詞〉

There are a lot of air conditioners in my school.　学校にはたくさんのエアコンがあります。
└─〈There are＋複数名詞〉

There is[are] 〜. はふつう，不特定のものや人について使う。したがって名詞には何[だれ]かが特定できる the などをつけない。

　There is a book on the desk.　　　机の上に本があります。
　　　　　　└─不特定の「本」がある

具体的なものについて「〜は…にある」と言うときは，そのものを主語にする。

　My book is on the desk.　　　私の本が机の上にあります。
　　└─「私の本」という特定の「本」がある

　→ There is ~~the book~~ on the desk.　とすることはできない。

┌─── **数を表す語句** ───┐
・数が多いことを表す語句：many, lots of, a lot of
・数が少ないことを表す語句：few（わずかしかない，ほとんどない），a few（多少の）
・いくらかあることを表す語句：some（いくつかの，いくらかの），any（（疑問文で）いくつかの）
└─────────────────┘

3 There is[are] 〜. の疑問文① ⭐(5)(6)

「(場所)に〜がいますか[ありますか]」とたずねるときは，be 動詞を there の前に置き，Is[Are] there 〜? で表す。答えるときも there を使う。

Is there a <u>piano</u> in your house**?**　　あなたの家にはピアノがありますか。
└─ 〈Is there + 単数名詞〉

— Yes, **there is** . / No, **there isn't** .　　はい，あります。/ いいえ，ありません。
　　　　　　　　　　　　　　　　　└─ is not を短くした形
（答えるときも there）

Are there many comic books in your house**?**　あなたの家にはマンガがたくさんありますか。
└─ 〈Are there + 複数名詞〉

— Yes, **there are** . / No, **there aren't** .　　はい，あります。/ いいえ，ありません。
　　　　　　　　　　　　　　　　　└─ are not を短くした形
（答えるときも there）

┌─────────────── ● 否定を表す文 ● ───────────────┐
│ 「(場所)に〜がありません」と言うときは，be 動詞のあとに not を置き，
│ There is[are] not 〜. で表す。
│ 　There <u>isn't</u> a TV in my room. 　（私の部屋にテレビはありません。）
└──────────────────────────────────────┘

4 There is[are] 〜. の疑問文② ⭐(7)

「(場所)に〜はいくつありますか」「(場所)に〜は何人いますか」とたずねるときは，How many 〜 are there ...? で表す。

How many books **are there** in your bag**?**　あなたのかばんには本が何さつありますか。
└─ 〈How many + 複数名詞 + are there 〜?〉

— **There are** <u>two</u> books.　　　　　2 さつあります。
　　　　　　└─ Yes / No ではなく具体的な数を答える

- -

☆チェック!　　( )内から適する語句を選びなさい。

1
- □ (1) Aya (looks / sees) tired today.　　アヤは今日疲れて見えます。
- □ (2) His idea (listens / sounds) nice.　　彼の考えはすてきに聞こえます。

2
- □ (3) (It / There) is a boy in the garden.　　庭に男の子がいます。
- □ (4) There (is / are) some cookies in the box.　　箱にはクッキーがいくつかあります。

3
- □ (5) (Is / Are) there a hospital near here?　　ここの近くに病院はありますか。
　　　— Yes, (it / there) is.　　　　　　　　— はい，あります。
- □ (6) (Is / Are) there many people in the park?　　公園にはたくさんの人がいますか。
　　　— No, there (isn't / aren't).　　　　　— いいえ，いません。

4
- □ (7) How many temples (there are / are there) in Japan?　　日本にはいくつの寺がありますか。

テスト対策問題

テスト対策ナビ

🎵 **リスニング**

♪ a22

1 対話と質問を聞いて，その答えとして適する絵を一つ選び，記号で答えなさい。

ア　イ　ウ　エ

（　　　）

2 (1)〜(6)は単語の意味を書きなさい。(7)〜(10)は日本語を英語にしなさい。

(1) choose （　　　　　）　(2) future （　　　　　）

(3) amount （　　　　　）　(4) anyway （　　　　　）

(5) finally （　　　　　）　(6) suddenly （　　　　）

(7) 〜を終える ＿＿＿＿＿＿　(8) 問題 ＿＿＿＿＿＿＿

(9) 前に ＿＿＿＿＿＿＿　(10) 草，草地 ＿＿＿＿＿＿

2 重要単語

⑽ glass「グラス」と間違えないように注意。

3 次の日本文にあうように，＿＿に適する語を書きなさい。

(1) 私たちは疲れました。　We ＿＿＿＿＿ ＿＿＿＿＿.

(2) この本を読みなさい。　＿＿＿＿＿ ＿＿＿＿＿ read this book.

(3) 女の子は眠りに落ちました。　The girl ＿＿＿＿＿ ＿＿＿＿＿.

(4) 私はペンを探しています。

I'm ＿＿＿＿＿ ＿＿＿＿＿ ＿＿＿＿＿ my pen.

3 重要表現

(1)「疲れた」は tired。

(2) 1 つめの空所には You'd（＝You had）が入る。

(3) fall「落ちる」は不規則動詞で過去形は fell。

4 次の文を（　）内の指示にしたがって書きかえなさい。

(1) The story is interesting.（「〜に聞こえる」という意味の文に）

＿＿＿＿＿＿＿＿＿＿＿＿＿＿＿＿＿＿＿＿＿＿＿

(2) My father was surprised.（「〜に見えた」という意味の文に）

＿＿＿＿＿＿＿＿＿＿＿＿＿＿＿＿＿＿＿＿＿＿＿

4 look[sound] 〜 の文

(1) is を sounds にかえる。

(2) was を looked にかえる。

5 〔　〕内の語句を並べかえて，日本文にあう英文を書きなさい。

(1) 私たちのチームにはたくさんのよい選手がいます。

〔 many / in / there / good players / are 〕 our team.

＿＿＿＿＿＿＿＿＿＿＿＿＿＿＿＿ our team.

(2) 駅の近くに郵便局はありますか。

〔 the station / there / near / is / a post office 〕？

＿＿＿＿＿＿＿＿＿＿＿＿＿＿＿＿＿＿？

5 There is[are] 〜. の文

ポイント

・「〜がいる[ある]」は There is[are] 〜. で表す。

・疑問文は Is[Are] there 〜? で表す。

p.65 答　(1) looks　(2) sounds　(3) There　(4) are　(5) Is / there　(6) Are / aren't　(7) are there

6 次の対話文を読んで，あとの問いに答えなさい。

Aya: Singapore doesn't produce so much trash. Japan produces a lot of trash.
Bob: ① Are there many trashcans on the street in Singapore?
Mei: ② Yes, (　　　) (　　　).
Bob: There aren't many on the street in Japan, but the streets (　③　) clean.

(1) 下線部①を日本語になおしなさい。
シンガポールの(　　　　　　　　　　　　　　)。

よく出る (2) 下線部②の(　)に適する語を書きなさい。
＿＿＿＿＿＿＿　＿＿＿＿＿＿＿

(3) ③の(　)に適する語をア〜ウから選び，記号で答えなさい。
ア　sound　　イ　look　　ウ　walk　　　　　(　　)

(4) 本文の内容にあうように，次の問いに3語の英語で答えなさい。
Are there many trashcans on the street in Japan?
—＿＿＿＿＿＿＿＿＿＿＿＿＿＿＿＿＿＿＿＿＿＿

7 次の文を(　)内の指示にしたがって書きかえなさい。

(1) There is a supermarket near my house. （否定する文に）
＿＿＿＿＿＿＿＿＿＿＿＿＿＿＿＿＿＿＿＿＿＿＿＿＿＿

ミス注意! (2) There are four chairs in the room. （下線部をたずねる文に）
＿＿＿＿＿＿＿＿＿＿＿＿＿＿＿＿＿＿＿＿＿＿＿＿＿＿

8 次の対話が成り立つように， ＿＿に適する語を書きなさい。
Bob: Let's eat lunch, Aya.
(1) ＿＿＿＿＿＿＿ ＿＿＿＿＿＿＿ a curry restaurant near here. （この近くにカレーレストランがあるんだ。）
Aya: (2) That ＿＿＿＿＿＿＿ ＿＿＿＿＿＿＿.
（それはすてきに聞こえるわ。）
(3) ＿＿＿＿＿＿＿ ＿＿＿＿＿＿＿ many kinds of curries there? （そこにはたくさんの種類のカレーがあるの？）
Bob: Yes!

9 次の日本文を英語になおしなさい。
(1) 父は昨日，病気のように見えました。
＿＿＿＿＿＿＿＿＿＿＿＿＿＿＿＿＿＿＿＿＿＿＿＿＿＿

(2) あなたの学校には何人の生徒がいますか。
＿＿＿＿＿＿＿＿＿＿＿＿＿＿＿＿＿＿＿＿＿＿＿＿＿＿

6 本文の理解
(1) Are there ~? は「〜がありますか」という意味。
(2) Are there ~? には there を使って答える。
(3) 「〜に見えます」という文にする。
(4)ボブの最後の発言を参照。

7 There is[are] ~. の文
(2)「…に〜はいくつありますか」は〈How many＋複数名詞〉を文頭に置く。

8 会話表現
(1) There is[are] ~. の文で表す。
(3) Is[Are] there ~? の文で表す。

9 英作文
(1)「〜に見える」は〈look＋形容詞〉で表す。
(2)「…に〜は何人いますか」は〈How many＋複数名詞〉を文頭に置く。

テストに出る！
予想問題

Lesson 9 〜 Further Reading　①
Helping the Planet 〜 The Letter

🕐 30分　/100点

1 対話を聞いて，その内容に適するものを一つ選び，記号で答えなさい。 ♪a23　2点×3〔6点〕

(1) ケンタの町には（ア　2つ　　イ　3つ）の図書館があります。　　　　　　（　　）

(2) メイは（ア　日本語の本　　イ　英語の本）を読みたいと思っています。　（　　）

(3) メイは（ア　南図書館　　イ　北図書館）に行くつもりです。　　　　　　（　　）

2 次の文の下線部の語のうち，文法的に間違っているものを選び，記号を○で囲み，正しい語を___に書きなさい。　4点×3〔12点〕

(1) There <u>are</u> only one person <u>in</u> the <u>shop</u> now.
　　　　ア　　　　　　　　　イ　　ウ　　　　　　　_____

(2) <u>There</u> is <u>the</u> small cat <u>on</u> the chair.
　　ア　イ　　　　　ウ　　　　　　　　_____

(3) <u>Are</u> there many <u>girls</u> in your club? — Yes, <u>it</u> are.
　　ア　　　　　イ　　　　　　　　　　　ウ　　_____

3 次の日本文にあうように，___に適する語を書きなさい。　4点×5〔20点〕

(1) 私はグラス1杯のジュースを求めました。
　　I _____ a glass of juice.

(2) そのゾウはのどの渇きで死にました。
　　The elephant _____ _____ thirst.

(3) その計画は恐ろしく聞こえます。
　　The plan _____ _____.

(4) 私はボブの本を家に持ち帰りました。
　　I _____ Bob's book _____.

(5) 私は北海道に行きたいです。これに対して姉は沖縄に行きたがっています。
　　I want to go to Hokkaido. On the _____ _____, my sister wants to go to Okinawa.

4 次の文を（　）内の指示にしたがって書きかえなさい。　5点×3〔15点〕

(1) There is <u>a</u> tall tree in the park. （下線部を a lot of にかえて）
　　_____

(2) There are two koalas in the zoo. （疑問文に）
　　_____

(3) The small girl was very happy. （「〜に見えた」という文に）
　　_____

5 ある少女が病気の母のために，ひしゃくを持って水を探しに行き，途中で眠ってしまいました。次の英文を読んで，あとの問いに答えなさい。〔25点〕

> The girl ①(wake) up and was very surprised. ②<u>The dipper was full of clean, fresh water.</u> She got excited, but she didn't drink the water. "③<u>It</u> won't be enough for my mother," she thought.
> ④[dog / was / little / her feet / there / a / under], and it looked pitiful. The girl poured some water in her hand and ⑤(give) it to the dog. Then her little dipper ⑥(become) silver.

(1) ①，⑤，⑥の（ ）内の語を適する形にかえなさい。　3点×3〈9点〉
　　①＿＿＿＿＿＿　⑤＿＿＿＿＿＿　⑥＿＿＿＿＿＿

(2) 下線部②の英文を日本語になおしなさい。〈5点〉
　　（　　　　　　　　　　　　　　　　　　）

(3) 下線部③の指すものを本文中の英語2語で答えなさい。〈3点〉
　　＿＿＿＿＿＿＿＿＿＿

(4) 下線部④の[ ]内の語句を並べかえて，意味の通る英文にしなさい。〈5点〉
　　＿＿＿＿＿＿＿＿＿＿

(5) 少女にはイヌがどのように見えましたか。ア〜ウから選び，記号で答えなさい。〈3点〉
　　ア 怖そう　　イ かわいそう　　ウ かわいらしい　　（　　）

6 [ ]内の語句を並べかえて，日本文にあう英文を書きなさい。　4点×3〔12点〕
(1) 私は今日，この本をメイに返さなければなりません。
　　I [give / Mei / back / this book / have / to / to] today.
　　I ＿＿＿＿＿＿＿＿＿＿ today.
(2) あなたの家には何部屋ありますか。
　　[rooms / there / your house / how / are / many / in]?
　　＿＿＿＿＿＿＿＿＿＿
(3) グラスには水があまり入っていませんでした。
　　[the glass / much / not / in / there / water / was].
　　＿＿＿＿＿＿＿＿＿＿

7 次の日本文を英語になおしなさい。　5点×2〔10点〕
(1) 彼の考えはおもしろそうに聞こえましたか。
　　＿＿＿＿＿＿＿＿＿＿
(2) 教室ごとに少なくとも2台のコンピュータがあります。
　　＿＿＿＿＿＿＿＿＿＿

テストに出る！
予想問題

Lesson 9 〜 Further Reading ②
Helping the Planet 〜 The Letter

🕐 30分

/100点

1 英文と質問を聞いて，その答えとして適するものを一つ選び，記号で答えなさい。

(1) ア Yes, he was.　　イ No, he wasn't.　　♪ a24　3点×2〔6点〕
　　ウ Yes, he did.　　エ No, he didn't.　　　　　（　　　）

(2) ア About thirty.　　イ About forty.
　　ウ About fifty.　　エ About sixty.　　　　　（　　　）

2 CとDの関係が，AとBの関係と同じになるように，＿＿に適する語を書きなさい。

3点×5〔15点〕

	A	B	C	D
(1)	is not	isn't	are not	＿＿＿＿＿＿
(2)	appear	disappear	start	＿＿＿＿＿＿
(3)	fast	slowly	early	＿＿＿＿＿＿
(4)	offer	offered	become	＿＿＿＿＿＿
(5)	make	made	rise	＿＿＿＿＿＿

3 次の日本文にあうように，＿＿に適する語を書きなさい。　　3点×4〔12点〕

(1) 私はその店に入りました。同時に，アヤも入ってきました。

I went into the shop. At the ＿＿＿＿＿＿＿＿ ＿＿＿＿＿＿＿＿, Aya came in.

(2) 私はかばんの中の傘を探しました。

I ＿＿＿＿＿＿＿＿ ＿＿＿＿＿＿＿＿ my umbrella in my bag.

(3) だれもが試合中，興奮して見えました。

Everyone ＿＿＿＿＿＿＿＿ ＿＿＿＿＿＿＿＿ during the game.

(4) 私は電車で眠りに落ちました。

I ＿＿＿＿＿＿＿＿ ＿＿＿＿＿＿＿＿ on the train.

4 次の文を（　）内の指示にしたがって書きかえなさい。　　4点×3〔12点〕

(1) There are ten boys in our club.　（否定する文に）

＿＿＿＿＿＿＿＿＿＿＿＿＿＿＿＿＿＿＿＿＿＿＿＿＿＿＿＿＿＿＿＿＿

(2) There was one apple on the table.　（下線部をたずねる文に）

＿＿＿＿＿＿＿＿＿＿＿＿＿＿＿＿＿＿＿＿＿＿＿＿＿＿＿＿＿＿＿＿＿

(3) Our city has two libraries.　（There で始まるほぼ同じ意味の文に）

＿＿＿＿＿＿＿＿＿＿＿＿＿＿＿＿＿＿＿＿＿＿＿＿＿＿＿＿＿＿＿＿＿

5 次の英文を読んで，あとの問いに答えなさい。　〔23点〕

> Toad sat (　①　) his front porch.
> Frog came along and said, ②"(　　　)(　　　) the matter, Toad? ③You look sad."
> "Yes," said Toad.
> "This is my sad time (　④　) day."
> "⑤(　　　)(　　　) that?" asked Frog.
> "⑥(　　　) I never (　　　) any mail," said Toad.
>
> Excerpt from "The Letter" from Frog and Toad Are Friends by Arnold Lobel. TEXT COPYRIGHT (C) 1970 ARNOLD LOBEL. Used by permission of HarperCollins Publishers. Arranged through Japan UNI Agency, Inc., Tokyo.

(1)　①，④の（　）に適する語をア～エから選び，記号で答えなさい。　3点×2〈6点〉

　　　ア　up　　イ　of　　ウ　out　　エ　on　　　　　　①(　　) ④(　　)

(2)　下線部②，⑤，⑥がそれぞれ次の意味を表すように，（　）に適する語を書きなさい。

4点×3〈12点〉

　　②「どうしたの，ガマくん。」　　　　　＿＿＿＿＿＿＿ ＿＿＿＿＿＿＿

　　⑤「それはなぜですか。」　　　　　　　＿＿＿＿＿＿＿ ＿＿＿＿＿＿＿

　　⑥「なぜなら私は郵便物を決してもらわないからです。」

　　　　　　　　　　　　　　　　　　　＿＿＿＿＿＿＿, ＿＿＿＿＿＿＿

(3)　下線部③の英文を日本語になおしなさい。　〈5点〉

　　(　　　　　　　　　　　　　　　　　　　　　　　　　　　　　　)

6 次の日本文を英語になおしなさい。　5点×4〔20点〕

(1)　その物語はおもしろそうに聞こえませんでした。

＿＿＿＿＿＿＿＿＿＿＿＿＿＿＿＿＿＿＿＿＿＿＿＿＿＿＿＿＿＿＿＿

(2)　これらのペンを家に持ち帰ってはいけません。　（mustn't を使って）

＿＿＿＿＿＿＿＿＿＿＿＿＿＿＿＿＿＿＿＿＿＿＿＿＿＿＿＿＿＿＿＿

(3)　公園には 3 人の男の子がいました。

＿＿＿＿＿＿＿＿＿＿＿＿＿＿＿＿＿＿＿＿＿＿＿＿＿＿＿＿＿＿＿＿

(4)　あなたの国にはたくさんの日本食レストランがありますか。　（many を使って）

＿＿＿＿＿＿＿＿＿＿＿＿＿＿＿＿＿＿＿＿＿＿＿＿＿＿＿＿＿＿＿＿

7 次の質問に，あなた自身の答えを英語で書きなさい。ただし，主語と動詞のある文で書くこと。　6点×2〔12点〕

(1)　Is there an air conditioner in your room?

＿＿＿＿＿＿＿＿＿＿＿＿＿＿＿＿＿＿＿＿＿＿＿＿＿＿＿＿＿＿＿＿

(2)　How many CDs are there in your room?

＿＿＿＿＿＿＿＿＿＿＿＿＿＿＿＿＿＿＿＿＿＿＿＿＿＿＿＿＿＿＿＿

動詞の形の変化をおさえましょう。

※赤字は特に注意しましょう。［ ］は発音記号です。

原形	三人称単数現在形	過去形	ing 形	意味
ask	asks	asked	asking	たずねる，質問する
bring	brings	brought	bringing	持ってくる，連れてくる
buy	buys	bought	buying	買う
come	comes	came	coming	来る，（相手のところへ）行く
cook	cooks	cooked	cooking	料理する
do	does	did	doing	する，行う
drink	drinks	drank	drinking	飲む
eat	eats	ate	eating	食べる，食事をする
enjoy	enjoys	enjoyed	enjoying	楽しむ
feel	feels	felt	feeling	感じる，気持ちがする
get	gets	got	getting	得る，受け取る，〜になる
give	gives	gave	giving	与える，渡す，もたらす
go	goes	went	going	行く
have	has	had	having	持っている，食べる
know	knows	knew	knowing	知っている，わかる
live	lives	lived	living	住む，住んでいる
look	looks	looked	looking	見る，目を向ける
make	makes	made	making	作る，得る
meet	meets	met	meeting	会う，出会う
play	plays	played	playing	（競技などを）する，演奏する
put	puts	put	putting	置く，入れる，つける
read	reads	read ［red］	reading	読む，読んで知る
run	runs	ran	running	走る，運行している
say	says	said ［sed］	saying	言う
see	sees	saw	seeing	見える，見る，わかる
stay	stays	stayed	staying	滞在する，泊まる
study	studies	studied	studying	勉強する，研究する
take	takes	took	taking	取る，持っていく
talk	talks	talked	talking	話す，しゃべる
tell	tells	told	telling	話す，教える
think	thinks	thought	thinking	考える，思う
try	tries	tried	trying	試す，やってみる，努力する
write	writes	wrote	writing	書く

中間・期末の攻略本

取りはずして使えます!

解答と解説

教育出版版　ワンワールド　英語1年

Lesson 1 ①

p.3　テスト対策問題

1 (1)〜を…と呼ぶ　(2)わくわくさせるような
(3)〜に参加する　(4)体育　(5)interesting
(6)baseball

2 (1)That's nice　(2)I am　(3)I like

3 (1)I'm　(2)Please call

4 (1)Nice to meet you.
(2)Nice to meet you, too.
(3)My favorite subject is music.

解説

2 (1)「それはすてきですね。」とほめるときは, That's nice. と言う。
(2)「私は〜です。」は I am 〜. で表す。
(3)「私は〜が好きです。」は一般動詞 like を使い, I like 〜. と言う。

3 (1)「私は〜です。」は I am 〜. で表す。空所が1つなので, I am を短くした形の I'm にする。
(2)「私を〜と呼んでください。」は Please call me 〜. と言う。please は「どうぞ, お願いします」という意味。

4 (1)「お会いできてうれしいです[はじめまして]。」は Nice to meet you. と言う。決まり文句なのでそのまま覚える。
(2)Nice to meet you. と言われたら, Nice to meet you, too.「こちらこそ[私も]お会いできてうれしいです。」と言う。too は「〜も(また)」という意味。
(3) **ミス注意!**「私の大好きな教科は〜です。」は My favorite subject is 〜. と言う。be 動詞は is を使うことに注意。「音楽」は music。

ポイント
• 英語の語順は「主語」→「動詞」→「その他」。日本語とは異なるので注意する。

p.4 〜 p.5　予想問題

1 (1)×　(2)○　(3)×

2 (1)Any questions　(2)I'm　(3)I like
(4)①Nice, meet　②Nice, meet, too

3 (1)I am Yamada Yuko.
(2)Please call me Ken.

4 (1)Please
(2)favorite subject is science
(3)お会いできてうれしいです[はじめまして], ボブ。
(4)イ

5 (1)Please call　(2)favorite, is

6 (1)That's nice.　(2)I play the piano.
(3)I like curry and rice.

解説

1 主語や一般動詞や be 動詞を聞き取ることがポイント。
(1)　I like baseball.
(2)　I play the violin.
(3)　My favorite animals are pandas.

訳 (1)　私は野球が好きです。
(2)　私はバイオリンを弾きます。
(3)　私の大好きな動物はパンダです。

2 (1)「質問はありますか。」とたずねるときは Any questions? と言う。
(2) **ミス注意!**「私[ぼく]は〜です。」は I am 〜. で表す。空所が1つなので, I am を短くした形の I'm にすることに注意。
(3)「私は〜が好きです。」は一般動詞 like を使い, I like 〜. と言う。
(4)①「お会いできてうれしいです。」は Nice

1

to meet you.と言う。 ②Nice to meet you.と言われ，「私もお会いできてうれしいです。」と返すときは，Nice to meet you, too. と言う。too は「～も（また）」という意味。

3 (1)「私は～です。」は I am ～. の語順で表す。「～」の部分に名前が入る。
(2)「私を～と呼んでください。」は Please call me ～. の語順で表す。「～」の部分に呼び名が入る。

4 (1)相手にお願いしているので，please「どうぞ，お願いします」を入れる。
(2)「私の大好きな教科は～です。」は My favorite subject is ～. の語順で表す。「～」の部分に教科名が入る。
(3)Nice to meet you. は「お会いできてうれしいです[はじめまして]。」という意味。
(4)アヤは Great!「すばらしいですね。」と言っている。

5 (1)「私を～と呼んでください。」Please call me ～. という文にする。
(2)「私の大好きな…は～です。」My favorite … is ～. という文にする。

6 (1)「それはすてきですね。」とほめるときは，That's nice. と言う。
(2) 〔ミス注意!〕「私は～を弾きます。」は一般動詞 play を使い，I play ～. と言う。楽器について「～を弾く」と言うときは，楽器名の前に the をつけることに注意。
(3)「私は～が好きです。」は一般動詞 like を使い，I like ～. と言う。

Lesson 1 ②

p.8～p.9 テスト対策問題
1 (1)イ (2)ウ (3)イ
2 (1)自由にできる，自由な (2)あなた自身
(3)タコ (4)サーフィン (5)student
(6)popular
3 (1)How are (2)a little (3)See you
4 (1)studying (2)to watch
5 (1)playing (2)I want to join
(3)exciting
6 (1)Who (2)How old

7 (1)Where do you eat[have] lunch?
(2)What color do you like?
(3)How many pens do you have?

解説
1 話題の中の人物の「大好きな教科」と「するスポーツ」を聞き取ることがポイント。
♪ A：Hi, Aya. What is your favorite subject?
B：Hi, Bob. I like science.
A：What sport do you play?
B：I play soccer. It's really exciting.
訳 A：こんにちは，アヤ。あなたの大好きな教科は何ですか？
B：こんにちは，ボブ。私は理科が好きです。
A：あなたは何のスポーツをしますか？
B：私はサッカーをします。それはとてもわくわくします。

3 (1)「ごきげんいかがですか」は How are you? と言う。
(2)「少し」と程度を表すときは a little で表す。
(3)「～の授業で会いましょう」は See you in ～ class. と言う。

4 (1)1語で「～すること」という意味を表すときは，動詞に ing をつける。
(2) 〔ミス注意!〕〈to＋動詞の原形（そのままの形）〉で「～すること」という意味を表す。to のあとは動詞の原形になることに注意する。

5 (1)play のあとに ing をつけて，「私は野球をすることが好きです」という文にする。
(2)「～したい」は〈want to＋動詞の原形〉の語順で表す。
(3)「わくわくさせるような」は exciting。

6 (1)「だれ」とたずねるときは，Who を文の始めに置く。
(2)「何歳（＝どれくらいの年齢）」とたずねるときは，〈How＋形容詞(old)〉を文の始めに置く。

7 (1)「どこ」と場所をたずねるときは，Where を文の始めに置き，do you ～の疑問文を続ける。「昼食を食べる」は eat[have] lunch。
(2)「何色（＝何の色）」とたずねるときは，〈What＋名詞(color)〉を文の始めに置く。
(3) 〔ミス注意!〕「何本の（＝どのくらい多くの）～」とたずねるときは，〈How many＋名詞の複数

形〉を文の始めに置く。

- 「何の～」「どのくらいの～」とたずねるときは，〈What＋名詞〉〈How＋形容詞〉を文の始めに置く。

p.10 ～ p.11　予想問題

1 ア
2 (1)What　(2)When is
(3)like reading
(4)①How many dogs　②no
3 (1)Please call me Mei.
(2)What is your favorite movie?
(3)I want to eat fish.
4 (1)from
(2)私はスポーツをすることが大好きです。
(3)speak Japanese a little
(4)ありがとう。
5 (1)How many pencils do you have?
(2)Where do you play basketball?
6 (1)Who is your favorite baseball player?
(2)What sport do you like?
(3)How old is your grandmother?

解説

1 話題の中の人物が「何時に」「何をするか」を聞き取ることがポイント。
♪ A：What time do you get up?
 B：I get up at six thirty.
訳 A：あなたは何時に起きますか。
 B：私は6時半に起きます。
2 (1)「何」とたずねるときは，What を文の始めに置く。
(2)「いつ」とたずねるときは，When を文の始めに置き，be 動詞 is を続ける。
(3)「～することが好きだ」は〈like＋動詞 -ing〉で表す。
(4)① ミス注意! 「何匹の（＝どのくらい多くの）～」とたずねるときは，〈How many＋名詞の複数形〉を文の始めに置く。dog を複数形の dogs にすることに注意。　②「何も～ない」という形容詞 no を入れる。
3 (1)「～と呼んでね。」は Please call me ～. と言う。

(2)「何」とたずねるときは，What を文の始めに置く。「大好きな映画」は favorite movie。
(3)「～したい」は〈want to＋動詞の原形〉の語順で表す。
4 (1)「～出身の」は from を使って表す。
(2)love は「～が大好きである」という意味。playing は play に ing がついた形で，playing sports で「スポーツをすること」。
(3)「少し」は a little で表し，speak Japanese のあとに置く。
(4)最終行に My favorite word is "Arigato." とある。
5 (1)「私は12本の鉛筆を持っています。」という文。〈How many＋名詞の複数形〉で数をたずねる疑問文をつくる。pencils とすることに注意。
(2)「私はミドリ公園でバスケットボールをします。」という文。Where を文の始めに置いて，場所をたずねる疑問文をつくる。Where のあとには do you ～と一般動詞の疑問文が続く。
6 (1)「だれ」とたずねるときは，Who を文の始めに置く。「あなたの大好きな野球選手」は your favorite baseball player。
(2)「何のスポーツ」とたずねるときは，〈What＋名詞(sport)〉を文の始めに置く。
(3) ミス注意! 「何歳（＝どれくらいの年齢)」とたずねるときは，〈How＋形容詞(old)〉を文の始めに置く。「祖母」は grandmother。

Lesson 2 ①

p.14 ～ p.15　テスト対策問題

1 (1)○　(2)×　(3)×
2 (1)しばしば　(2)冷蔵庫　(3)家族
(4)いつでも　(5)early　(6)meter
3 (1)listen to　(2)good at　(3)get up
4 (1)don't use　(2)Do you
5 (1)too　(2)Do you eat
(3)私はときどき朝食にカレーを食べます。
6 (1)Can you　(2)can　(3)I'm
7 (1)What do you eat for lunch?
(2)I cannot[can't] make[cook] omelets.
(3)I am[I'm] not a junior high school

student.

解説

1 一般動詞や be 動詞，not があるかないかを聞き取ることがポイント。

♪ (1) I like cats.
(2) I'm good at playing tennis.
(3) I cannot ride a unicycle.

訳 (1) 私はネコが好きです。
(2) 私はテニスをするのがじょうずです。
(3) 私は一輪車に乗ることができません。

3 (1)「～を聞く」は listen to ～と言う。
(2)「～がじょうずです」は be good at ～で表す。～には名詞または動詞の -ing 形が続く。
(3)「起きる」は get up と言う。

4 (1) **ミス注意!**「私は～しません。」は **I don't ～.** で表す。don't のあとの一般動詞はそのままの形を使うことに注意。
(2)「あなたは～しますか。」とたずねるときは，**Do you ～?** で表す。

5 (1)相手の意見などに「私も。」と言うときは，Me, too. で表す。
(2)Do you のあとに一般動詞 eat を続ける。
(3)「私は～します。」という一般動詞の文。sometimes は「ときどき」，for breakfast は「朝食に」という意味。

6 (1)「あなたは～することができますか。」とたずねるときは，**Can you ～?** で表す。you のあとの一般動詞はそのままの形を使う。
(2)**Can you ～?** とたずねられたら，**Yes, I can.** または **No, I cannot[can't].** と答える。
(3)「私は～することがじょうずです。」は **I am[I'm] good at ～.** で表す。空所が 1 つなので，**I am** を短くした形の **I'm** を使う。

ポイント
• Are[Do, Can] you ～? とたずねられたら，答えるときは主語を I「私は」にする。

7 (1)「あなたは何を～しますか。」とたずねるときは，**What do you ～?** で表す。「食べる」は eat，「昼食に」は for lunch。
(2)「私は～することができません。」は **I cannot[can't] ～.** で表す。「オムレツ」は omelet，「つくる」は make。
(3) **ミス注意!**「私は～ではありません。」は **I**

am[I'm] not ～. で表す。「中学生」は junior high school student。be 動詞は is ではなく am を使うことに注意。

p.16 ～ p.17　予想問題

1 (1)ア　(2)イ　(3)イ
2 (1)① Do, have　② do
(2)① Can, speak　② cannot[can't]
(3)I'm not
3 (1)I can swim 50 meters.
(2)I get up early every day.
(3)Are you good at dancing?
4 (1)あなたはあなたの自由な時間に何をしますか。
(2)Do you play with your family?
(3)don't have　(4)インターネット
5 (1)I cannot[can't] write *kanji* well.
(2)Are you an English teacher?
6 (1)I am[I'm] a tennis player.
(2)Can you use a computer?
(3)I usually cook[make] breakfast for my family.

解説

1 話題の中の人物が「好きなこと」「すること」「できること」を聞き取ることがポイント。

♪ A : Hi, Bob. Do you like sports?
B : Yes, I do. I'm on the baseball team.
A : Really? Do you play soccer, too?
B : Yes, I do. But I can't play it well.

訳 A : こんにちは，ボブ。あなたはスポーツが好きですか？
B : はい，好きです。ぼくは野球チームに入っています。
A : 本当に？　あなたはサッカーもしますか？
B : はい，します。でもぼくはそれをじょうずにすることができません。

2 (1)①「あなたは～を持っていますか。」とたずねるときは，**Do you have ～?** で表す。
② yes で答えるときは，**Yes, I do.** と言う。
(2)①「あなたは～することができますか。」とたずねるときは，**Can you ～?** で表す。
② no で答えるときは，**No, I cannot[can't].** と言う。
(3) **ミス注意!**「私は～ではありません。」は **I**

am [I'm] not ～. で表す。空所の数が１つなので，I'm を使う。is not＝isn't とは違い am not を amn't としないように注意する。

3 (1)「私は～することができます。」は I can ～. で表す。「50 メートル泳ぐ」は swim 50 meters の語順。

(2)「早く起きる」は get up early と言う。early「早く」と fast「速く」を区別すること。「毎日」は every day。

(3)「あなたは～することがじょうずですか。」とたずねるときは Are you good at ～? で表す。

4 (1)What do you do? は「あなたは何をしますか。」という文。in your free time は「あなたの自由な時間に」という意味。

(2)「あなたは～しますか。」とたずねるときは Do you ～? で表す。「あなたの家族と」は with your family の語順。

(3)「私は～を持っていません。」は I do not [don't] have ～. で表す。空所の数より，don't を使う。

(4)最終行に on the Internet「インターネットで」とある。

5 (1)「私は～することができません。」と言うときは I cannot [can't] ～. で表す。

(2) ミス注意! 「あなたは～ですか。」とたずねるときは Are you ～? で表す。主語を you にすることに注意。

6 (1)「私は～です。」は I am [I'm] ～. で表す。「テニス選手」は tennis player。

(2)「あなたは～することができますか。」とたずねるときは，Can you ～? で表す。「コンピュータを使う」は use a computer。

(3)「私は朝食を料理します。」は I cook breakfast.「たいてい」は usually と言い，一般動詞の前に置く。「家族のために」は for my family。

Lesson 2 ②

p.20～p.21 テスト対策問題

1 (1)× (2)○ (3)×
2 (1)～のあとに (2)マンガ本 (3)ペット
(4)～をうらやましく思う (5)like (6)live
3 (1)right (2)on, Internet

(3)keep [have]，pet
4 (1)She (2)He (3)She (4)He is
5 (1)Those boys (2)right
(3)ようなよい選手になりたいです
6 (1)That is (2)he (3)he isn't
7 (1)Can you see any hamsters?
(2)He is the main character of the movie.
(3)She is not [isn't] my English teacher.

解説

1 he や she，this や that を聞き取ることがポイント。

♪(1) This is Ms. Yamada. She is a doctor.

(2) That is Yuta. He can run fast.

(3) I have some boxes. They are big.

訳(1) こちらはヤマダさんです。彼女は医者です。

(2) あちらはユウタです。彼は速く走れます。

(3) 私は箱をいくつか持っています。それらは大きいです。

3 (1)「～ですよね。」は～, right? で文末に置く。

(2)「インターネットで」は on the Internet と言う。the をつけることと，Internet の最初の文字を大文字にすることに注意。

(3)「ペットを飼う」は keep a pet と言う。have a pet もほぼ同じ意味。

4 (1)sister「姉[妹]」は１人の女性を表す語なので She で表す。

(2)father「父」は１人の男性を表す語なので He で表す。

(3)girl「女の子」は１人の女性を表す語なので She で表す。

(4) ミス注意! Mr.「～さん」は１人の男性を表す語なので He で表す。Mr. も Ms. も「～さん，先生」という意味だが，Mr. は男性，Ms. は女性につける敬称なので混同しないように注意。

5 (1)they はすでに述べた複数の人やものを表す。この場合は，ボブの最初の発言の Those boys「あれらの男の子たち」を指す。

(2)「～ですよね。」は～, right? を文末につける。

(3)I want to be ～. は「私は～になりたい」という文。like はここでは「～のような」という意味で使われている。a good player は「よ

5

い選手」という意味。

6 (1)「あれは～です。」と離(はな)れたところにいる1人の人を表すときは，**That is ～.** と言う。

(2)brother「兄[弟]」は1人の男性を表す語なので he で表す。**Is he ～?** で「彼は～ですか。」という意味。

(3)**Is he ～?** とたずねられて No で答えるときは，**No, he is not[isn't].** と言う。空所が2つなので, is not を短くした形の isn't を使う。

・ポイント・
• 1人の男性を表すときは he，1人の女性を表すときは she を使う。

7 (1) ミス注意! 「何匹かのハムスター」の表し方は，some hamsters または any hamsters が考えられるが，疑問文なので **any** で表す。any のあとの名詞は s や es をつけて複数を表す形にする。

(2)「彼は～です。」は **He is ～.** で表す。「主人公」は main character，「映画」は movie。

(3)「彼女は～ではありません。」は，**She is not[isn't] ～.** で表す。「私の英語の先生」は my English teacher。

p.22～p.23 予想問題

1 (1)ア　(2)イ　(3)ア
2 (1)How about　(2)They are
　(3)①Is this　②it is
　(4)①Is that　②She isn't
3 (1)to be a doctor like my father
　(2)How many T-shirts do you have?
4 (1)Do you have any pets
　(2)some hamsters
　(3)私はペットを飼うことができません。
　(4)うらやましい
5 (1)He is not[isn't] from Hokkaido.
　(2)We play tennis with those girls.
6 (1)Is he your favorite basketball player?
　(2)You live in an apartment, right?
　(3)We always play chess after lunch.

・解説・

1 「だれ」について話をしているかを聞き取ることがポイント。

♪ A : Look, Bob.　This is a picture of my family.

B : That's nice, Aya.　Is this girl your sister?

A : Yes.　She is Sayaka.　We often play tennis in the park.

B : Oh, I have a brother.　He is a tennis player, too.

訳 A : 見て，ボブ。これは私の家族の写真よ。

B : すてきだね，アヤ。この女の子は君のお姉さんかい？

A : ええ。彼女はサヤカよ。私たちはよく公園でテニスをするの。

B : おお，ぼくには兄がいるんだ。彼もテニス選手だよ。

2 (1)「あなたはどうですか。」と相手の意見や考えをたずねるときは，How about you? と言う。

(2) ミス注意! 「彼らは」は **they** で表す。they は複数の人やものを表すので，be動詞は are を使う。

(3)①「これは～ですか。」とたずねるときは **Is this ～?** で表す。　② yes で答えるときは，**Yes, it is.** と言う。

(4)①「あちらは～ですか。」とたずねるときは **Is that ～?** で表す。　②「彼女は～ではありません。」は **She is not[isn't] ～.** で表す。空所の数が2つなので，isn't を使う。

3 (1)「私は～になりたいです。」は **I want to be ～.** で表す。「父のような」は like のあとに my father を続ける。

(2)「何枚の」と数をたずねるときは〈**How many**＋名詞の複数形〉を最初に置く。

4 (1)Do you have ～? の文。何かペットを飼っているかたずねているので，have のあとには any pets を置く。

(2)「何匹かの」は **some** で表す。あとに続く名詞は複数を表す形なので，hamster に s をつけて，hamsters とする。

(3)keep a pet は「ペットを飼う」という意味。

(4)メイは2番目の発言で I envy you. と言っている。envy は「うらやましい」という意味。

5 (1)「彼は～ではありません。」は He is not[isn't] ～. で表す。

(2) ⚡ミス注意! Aki and I は自分も含めた複数の人なので，**we**「私たちは[が]」で表す。theyにしないように注意。

6 (1)「彼は～ですか。」とたずねるときは，**Is he ～?** で表す。「大好きな」は favorite,「バスケットボール選手」は basketball player。
(2)「あなたは」は **you** で表す。「～に住む」は live in ～。「～ですね。」は文の最後に，right? を置く。
(3)「私たちは」は **we** で表す。「～のあとに」は after ～,「チェスをする」は play chess。

Lesson 3

p.26 ～ p.27 テスト対策問題

1 (1)○ (2)× (3)×
2 (1)～を育てる (2)庭 (3)(背が)高い
(4)一生懸命に (5)hobby (6)busy
3 (1)for example (2)very much
(3)look at
4 (1)has (2)Does, go
5 (1)彼はブラジル出身です。
(2)② me ③ watches ④ doesn't like
6 (1)Does, speak (2)does
(3)study, her
7 (1)He uses two gloves.
(2)She does not[doesn't] practice tennis every weekend.

解説
いっぱん
1 一般動詞と doesn't があるかないかを聞き取ることがポイント。
♪(1)This is Saki. She plays the trumpet.
(2) This is Ken. He studies math every day.
(3) This is Aya. She doesn't like dogs.
訳(1)こちらはサキです。彼女はトランペットを吹きます。
(2)こちらはケンです。彼は毎日数学を勉強します。
(3)こちらはアヤです。彼女はイヌが好きではありません。
3 (1)「たとえば」は，for example と言い，具体的な例をあげるときに使う。

(2)「～が大好きだ」は like ～ very much と言う。
(3)「～を見る」は look at ～と言う。命令する文なので，動詞の原形(そのままの形)で文を始める。最初の Kumi は呼びかけのことばで主語ではない。
4 (1)主語が I と you 以外で単数の文では，have は **has** になる。
(2) ⚡ミス注意! 主語が I と you 以外で単数の疑問文は，主語の前に **does** を置き，動詞を原形に戻す。
5 (1)come from ～は「～出身である」という意味。主語が he なので come に s がついている。
(2)②主語ではない「私を[に]」なので **me** にする。 ③主語は He。watch はチの音で終わる動詞なので，es をつけて watches にする。
(3)主語が I と you 以外で単数の否定する文は，動詞の前に **does not[doesn't]** を置く。空所の数から，doesn't を使う。
6 (1)主語が she の疑問文なので，主語の前に does を置き，**Does she ～?** で表す。動詞は原形を使う。
(2)**Does she ～?** とたずねられて Yes で答えるときは，**Yes, she does.** と言う。
(3)主語が I なので動詞は原形を使う。with のあとには，主語ではない「彼女を[に]」を表す **her** を続ける。
ポイント
・主語以外で「私を[に]」と言うときは **me**,「彼女を[に]」と言うときは **her** を使う。
7 (1) ⚡ミス注意! 主語が he なので，動詞 use には s をつけて uses とする。「2つのグローブ」なので，名詞 glove は s をつけて gloves とすることに注意。
(2)主語が she の否定する文は，動詞の前に **does not[doesn't]** を置く。「毎週末に」は every weekend と言う。

p.28 ～ p.29 予想問題

1 (1)ア (2)ウ
2 (1)goes, me (2)member of
(3)① Does, study ② she does
(4)① does, like ② likes, much
3 (1)does not have a bike
(2)reads two books every weekend

4 (1)彼は花屋を経営しています。

(2)he doesn't (3)What does she grow

(4)彼女の庭

5 (1)I want two boxes.

(2)Bob does not[doesn't] speak Japanese well.

6 (1)I will tell you about my hobby [hobbies].

(2)She has a lot of[many] bags.

解説

1 (1)クミが「何をするか」を聞き取ることがポイント。

♪ A：This is my friend, Kumi. She likes music.

B：Does she play the piano?

A：Yes, she does.

Q：What does Kumi play?

訳 A：これは私の友達のクミよ。彼女は音楽が好きなの。

B：彼女はピアノを弾くの？

A：ええ，弾くわ。

質問：クミは何を弾きますか。

(2)ケンタが「どんなテニス選手か」を聞き取ることがポイント。

♪ A：Does Kenta play tennis?

B：Yes, he does. He's a good tennis player.

A：I see.

Q：Does Kenta play tennis well?

訳 A：ケンタはテニスをするの？

B：うん，するよ。彼はよいテニス選手だよ。

A：そうなんだ。

質問：ケンタはテニスをじょうずにしますか。

2 (1) ミス注意! 主語が I と you 以外で単数なので，動詞は goes を使う。go は o で終わる動詞なので es をつける。with のあとには主語以外で使う「私を[に]」を表す me を続ける。

(2)「～のメンバー」は a member of ～ で表す。

(3)① 主語が your sister なので主語の前に does を置き，動詞は原形（そのままの形）を使う。 ② yes で答えるときは she を使い，Yes, she does. と言う。

(4)① What food のあとに主語が he の疑問文

を続ける。 ②「～が大好きだ」は like ～ very much と言う。主語が he なので，動詞は likes とする。

3 (1)動詞の前に does not を置く。

(2)動詞 reads は主語のあとに置く。「毎週末に」は every weekend と言う。

4 (1)run は「～を経営する」という意味。「走る」という意味もある。

(2)Does he ～? とたずねられて No で答えるときは，No, he does not[doesn't]. と言う。空所の数から，doesn't を使う。

(3)What のあとに主語が she の疑問文を続ける。

(4)ボブは 2 番目の発言で my grandma grows some flowers in her garden と言っている。garden は「庭」という意味。

5 (1) ミス注意! 名詞を複数形にかえる。box はスの音で終わる名詞なので es をつけることに注意。

(2)主語が I と you 以外で単数の否定する文は，動詞の前に does not[doesn't] を置く。

6 (1)スピーチの最初などに「～について話すつもりです。」と言うときは，I will tell you about ～. と言う。「趣味」は hobby。

(2)主語が she なので，動詞 have「～を持っている」は has を使う。「たくさんの～」は a lot of ～または many ～で表す。複数なので，名詞 bag は複数形の bags にする。

Lesson 4 ～ Reading 1

p.32～p.33 テスト対策問題

1 (1)× (2)× (3)○

2 (1)夕方，晩 (2)滞在する，とどまる

(3)両親 (4)～を見つける (5)ひとりで

(6)～が起こる，生じる (7)cold

(8)say (9)quickly (10)wait

3 (1)Long, no (2)kind of

(3)catches, cold (4)run away

(5)afraid of (6)After all

4 (1)was (2)watched (3)saw (4)ate

5 (1)私たちはたくさんの人々と日本の音楽にあわせて踊りました。

(2)we walked to the riverbank

(3)fireworks　(4)had

6 (1)didn't play
　(2)Did, build / she didn't

7 (1)Were you　(2)I was　(3)went

8 (1)She was not[wasn't] in[at] the library this morning.
　(2)I slept in the[a] tent last night.

解説

1 一般動詞の過去形を聞き取ることがポイント。
♪ (1)Ken washed his father's car yesterday.
　(2)Aya practiced the piano this morning.
　(3)Bob and Mei played tennis in the park.
訳 (1)ケンは昨日，彼の父親の車を洗いました。
　(2)アヤは今朝，ピアノの練習をしました。
　(3)ボブとメイは公園でテニスをしました。

3 (1)「久しぶり」は Long time no see. と言う。
　(2)「ちょっと」は kind of ～で表す。
　(3)「風邪をひく」は catch a cold と言う。
　(4)「逃げ出す」は run away と言う。
　(5)「～を恐れる」は〈be動詞＋afraid of ～〉で表す。
　(6)「やはり」は after all と言う。

4 (1)過去を表す語(yesterday)があるので過去の文。主語が I なので，be動詞は was を使う。
　(2)過去を表す語句(last night)があるので過去の文。watch の過去形は ed をつける。
　(3) ✓ミス注意! 過去を表す語句(last Sunday)があるので過去の文。see は不規則動詞で，過去形は saw になることに注意。
　(4) ✓ミス注意! 過去を表す語(yesterday)があるので過去の文。eat は不規則動詞で，過去形は ate になることに注意。

5 (1)動詞が danced と過去形なので，「踊りました」とする。
　(2)walked は walk の過去形。「～へ歩いた」は walked to ～の語順で表す。
　(3)They は1つ前の文の the fireworks「花火」をさす。
　(4)have は不規則動詞で，過去形は had。ここでは「～を過ごす」という意味で使われている。

6 (1)過去の否定を表す文は，動詞の原形の前に didn't を置く。
　(2) ✓ミス注意! 過去の疑問文は，主語の前に did

を置く。動詞を過去形の built から原形の build に戻すことに注意する。No で答えるときは，No, ～ didn't. と言う。

7 (1)主語が you の be動詞の疑問文は，主語の前に were を置き，Were you ～? で表す。
　(2)Were you ～? とたずねられて Yes で答えるときは，Yes, I was. と言う。
　(3)「買い物に行く」は go shopping。go は不規則動詞で，過去形は went。

8 (1)主語が she の be動詞の否定を表す文なので，主語のあとに wasn't を置く。「図書館」は library，「今朝」は this morning。
　(2)sleep「寝る」は不規則動詞で，過去形は slept。「テント」は tent。

ポイント
・不規則動詞は必ず覚える。

p.34 ～ p.35　予想問題 ❶

1 ウ

2 (1)After all　(2)shot up
　(3)had, wonderful　(4)came to
　(5)were afraid

3 (1)did, was　(2)weren't, went
　(3)What did

4 (1)Emily ate bread yesterday morning.
　(2)Ms. King did not[didn't] live in Canada.
　(3)Where did you go last Sunday?

5 (1)Long, no
　(2)あなたは夏休みの間アメリカに戻っていましたか。
　(3)about
　(4)Did you go back to Singapore
　(5)stayed　(6)enjoyed, lot

6 (1)Jack did not practice soccer.
　(2)The flowers in the garden were beautiful.
　(3)What time did you get up

7 (1)I saw a lot of[many] animals at the zoo.
　(2)Did you listen to the song?
　(3)I studied English yesterday.

解説

1 クミが「何をしたか」を聞き取ることがポイント。

♪ A：Hi, Kumi．Did you go shopping yesterday?
　 B：No, I didn't．But I ate spaghetti at a popular restaurant.
　 A：That's nice.
訳 A：やあ，クミ。昨日は買い物に行ったの？
　 B：いいえ，行かなかったわ。でも人気のあるレストランでスパゲッティを食べたの。
　 A：それはいいね。
② (1)「やはり」は after all と言う。
(2)「噴き上がる」は shoot up で表す。shoot は不規則動詞で，過去形は shot。
(3)「～を過ごす」は have を使って表す。have は不規則動詞で，過去形は had。
(4)「～に来る」は come to ～で表す。come は不規則動詞で，過去形は came。
(5) ⚡ミス注意!「～を恐れる」は〈be 動詞＋afraid of ～〉で表す。主語が「彼ら」で過去の文なので，be 動詞は were を使う。
③ (1)**Did you ～?** とたずねられて Yes で答えるときは，**Yes, I did.** と言う。
(2)**Were you ～?** とたずねられて No で答えるときは，**No, I[we] wasn't[weren't].** と言う。主語が we なので weren't を使う。
(3)「あなたは夕食のあと何をしましたか。」とたずねる文にする。What のあとに did you ～の疑問文を続ける。
④ (1)過去の文にする。eat は不規則動詞で，過去形は ate。
(2)過去の否定を表す文は，動詞の原形(そのままの形)の前に **didn't** を置く。
(3)「あなたはこの前の日曜日にどこへ行きましたか。」とたずねる文にする。Where のあとに did you ～の疑問文を続ける。
⑤ (1)「久しぶり」は Long time no see. と言う。
(2)be 動詞の過去の疑問文。back は「戻って」，during the summer vacation は「夏休みの間」という意味。
(3)How about you? は「あなたはどうですか。」と相手の意見をたずねる表現。
(4)一般動詞の過去の疑問文は〈Did＋主語＋動詞の原形～?〉の語順で表す。go back to ～で「～へ帰る[戻る]」という意味。

(5)過去の文なので ed をつけて過去形にする。
(6)「あなたは夏休みを楽しみましたか。」に Yes, very much.「はい，とても。」と答えているので，最初の空所には enjoy の過去形 enjoyed が入る。2つ目の空所の直前に a があるので，very much を a lot「たくさん」で言いかえる。
⑥ (1)一般動詞の過去の否定を表す文は〈主語＋did not＋動詞の原形～.〉の語順で表す。
(2)主語 The flowers in the garden のあとに be 動詞の過去形 were を続ける。
(3)「何時に」なので What time を文の最初に置き，一般動詞の過去の疑問文を続ける。「起きる」は get up。
⑦ (1)「～を見る」は see。see は不規則動詞で，過去形は saw。
(2)一般動詞の過去の疑問文は〈Did＋主語＋動詞の原形～?〉で表す。「～を聞く」は listen to ～。
(3) ⚡ミス注意!「～を勉強する」は study。study の過去形は y を i にかえて ed をつけることに注意。

p.36 〜 p.37　予想問題 ❷

① (1)エ　(2)ア
② (1)wasn't　(2)built　(3)told
　 (4)difficult　(5)him
③ (1)these days　(2)acted like
　 (3)catch, cold　(4)What happened
④ (1)My sister slept with me yesterday.
　 (2)Were Jack and Ken very sad?
　 (3)How many countries did Sophia visit last year?
⑤ (1)①are, match for　⑥Just follow
　 (2)イ　(3)I don't believe you
　 (4)king of animals
　 (5)動物たちはみんな逃げ出します。
⑥ (1)You were not[weren't] in the gym this morning.
　 (2)They had a wonderful evening in Sydney.
　 (3)Where did you find this cat?
⑦ (1)(例)Yes, I did. / No, I did not[didn't].
　 (2)(例)I ate breakfast at seven (yesterday).

解説

1 (1)ボブが「どこにいたか」を聞き取ることがポイント。

♪ A：Hi, Bob. I visited you this morning, but you were not at home.

B：Sorry, Meg. I was at the library.

Q：Was Bob at home this morning?

訳 A：やあ，ボブ。今朝あなたを訪ねたのに，あなたは家にいなかったわ。

B：ごめん，メグ。ぼくは図書館にいたんだ。

質問：ボブは今朝家にいましたか。

(2)アヤが週末に「何をしたか」を聞き取ることがポイント。

♪ A：Did you enjoy your weekend, Aya?

B：Yes. I saw a movie yesterday. It was good. How about you, Jack?

A：I practiced the guitar with my brother.

Q：What did Aya do on the weekend?

訳 A：週末を楽しんだかい，アヤ？

B：ええ。昨日映画を見たの。よかったわ。あなたはどう，ジャック？

A：ぼくは弟とギターを練習したんだ。

質問：アヤは週末に何をしましたか。

2 (1)was not の短くした形は wasn't。

(2)原形と過去形。build の過去形は built。

(3)原形と過去形。tell の過去形は told。

(4)big「大きい」と small「小さい」なので，対になる語を書く。easy「簡単な」と対になるのは difficult「難しい」。

(5)he の「～を[に]」の形は him。

3 (1)「近ごろ」は these days。

(2)「～のようにふるまう」は act like ～で表す。過去の文なので，acted と過去形にする。

(3)「風邪をひく」は catch a cold と言う。

(4) ⚠️ミス注意! 「～に何が起こったのですか。」は What happened to ～? と言う。What が主語の役割をしているので，did を続けないように注意。

4 (1)過去の文にする。sleep は不規則動詞で，過去形は slept。

(2)be 動詞の過去の疑問文は〈Was[Were]＋主語～?〉で表す。

(3)「ソフィアは昨年いくつの国を訪れましたか。」

とたずねる文にする。How many countries のあとに did Sophia ～の疑問文を続ける。

5 (1)① 「対戦相手」は match と言う。

⑥ ⚠️ミス注意! 「～について来る」は follow を使う。「～しなさい」と命令する文なので，you などの主語を入れないように注意。

(2)What!? で「何だって？」と驚きを表している。

(3)「私は～しません。」は I don't のあとに動詞の原形を続ける。

(4)I am のあとには，キツネの1つ前の発言にある the king of animals が省略されている。

(5)run away は「逃げ出す」という意味。

6 (1)be 動詞の過去の否定を表す文は〈主語＋was[were] not＋動詞の原形～.〉で表す。主語が「あなたたち」なので，be 動詞は were。

(2)「～を過ごす」は have を使って表す。have は不規則動詞で，過去形は had。「すばらしい晩」は a wonderful evening。

(3)「どこで」なので Where を文の最初に置き，一般動詞の過去の疑問文を続ける。「～を見つける」は find を使う。

7 (1)「あなたはこの前の日曜日に英語を勉強しましたか。」という質問。

(2) ⚠️ミス注意! 「あなたは昨日何時に朝食を食べましたか。」という質問。「～を食べる」eat は不規則動詞で，過去形は ate となることに注意。I ate breakfast at(時刻). で表す。

Lesson 5

p.40 ～ p.41 テスト対策問題

1 (1)○ (2)× (3)×

2 (1)皆さん，みんな，だれでも (2)芝生

(3)(学校の)時限 (4)短い休み

(5)同級生，クラスメート

(6)異なった，いろいろな (7)first

(8)bring (9)thing (10)behind

3 (1)recess for (2)compete for

(3)That's great

4 (1)playing (2)making (3)sitting

5 (1)Are, watching / they are

(2)What, doing

6 (1)are sitting on the lawn　(2)having

(3)あの生徒は軽食を食べているところです。

7 (1)isn't chatting

(2)are not practicing

8 (1)are, reading　(2)I'm not

(3)am studying

9 (1)Two students are playing tennis.

(2)Is she writing English?

📝**解説**

1 動詞の –ing 形を聞き取ることがポイント。

🎵(1) Mei is reading a book.

(2) Bob and Ken are playing soccer.

(3) Emma is cooking lunch.

🈞(1)メイは本を読んでいます。

(2)ボブとケンはサッカーをしています。

(3)エマは昼食を料理しています。

3 (1)「休み」は recess。「～の間」と期間を表すときは前置詞 for を使う。

(2)「賞を競う」は compete for a prize と言う。

(3)「すばらしい。」とほめるときは That's great. と言う。

4 空所の前に be 動詞があるので,「(今)～しているところです」という文。よって動詞を –ing 形にする。

(1)play はそのまま ing をつけて,playing とする。

(2)make は e をとって ing をつける。

(3)🈁注意! sit は最後の文字を重ねて ing をつけることに注意。sitting とする。

5 疑問文は主語の前に be 動詞を置き,〈be 動詞＋主語＋動詞の –ing 形～?〉で表す。

(1)主語が Tomoko and Mei で複数なので, be 動詞は are を使う。watch の –ing 形は watching。答えるときは Yes, they are. と言う。

(2)🈁注意!「何を」なので文頭に What を置くことに注意。主語が Bob で単数なので, be 動詞は is を使う。do の –ing 形は doing。

6 (1)🈁注意!「～しています」は〈主語＋be 動詞＋動詞の –ing 形～.〉の語順で表す。文の最後が, right? で終わっているが, これは「～ですよね?」と確かめる表現で,疑問文ではないので注意。

(2)直前の We're は We are を短くした形。be 動詞が直前にあるので, 動詞を –ing 形にする。

have は e をとって ing をつける。

(3)〈be 動詞＋動詞の –ing 形〉なので,「(今)～しているところです[しています]」と訳す。

snack は「軽食」という意味。

7 否定文は be 動詞のあとに not を置き,〈主語＋be 動詞＋not＋動詞の –ing 形～.〉で表す。

(1)空所の数より, is not を短くした形 isn't を使う。動詞は –ing 形のまま。

(2)動詞を –ing 形にかえることに注意。practice の –ing 形は practicing。

8 (1)疑問文は〈be 動詞＋主語＋動詞の –ing 形～?〉で表す。read の –ing 形は reading。

(2)be 動詞を使って答える。主語が I なので, No で答えるときは No, I'm not. と言う。

(3)主語のあとに〈be 動詞＋動詞の –ing 形～〉を続ける。study の –ing 形は studying。

9 (1)〈主語＋be 動詞＋動詞の –ing 形～.〉で表す。play の –ing 形は playing。

(2)疑問文は〈be 動詞＋主語＋動詞の –ing 形～?〉で表す。write の –ing 形は writing。

◆ポイント◆

• 主語によって be 動詞を使い分ける。

p.42 ～ p.43 予想問題

1 (1)イ　(2)ア

2 (1)It's, in　(2)What time

(3)brings, from　(4)can, only

(5)That's great

3 (1)she is　(2)What, doing

(3)Are / Yes, are

4 (1)Are they walking to the riverbank?

(2)Sophia is not[isn't] dancing on the stage.

(3)What is[What's] Bob eating?

5 (1)Is, singing

(2)are practicing for our chorus contest

(3)for

(4)あなたのうしろの女の子は何をしていますか。

(5)writing　(6)イ

6 (1)We are not using our computers

(2)Is your mother growing roses?

(3)No one is swimming in the sea.

7 (1)I am[I'm] washing my T-shirt(s)

now.
(2)My sister is not[isn't] studying in her room now.
(3)**What are you eating[having]?**

解説

1 それぞれの人物が今,「何をしているか」を聞き取ることがポイント。

(1)

🎵 A : Hi, Emma. Are you drawing a picture?

B : Yes, I am. I'm drawing a picture of my dog.

Q : Is Aya taking a picture?

訳 A:やあ,エマ。あなたは絵を描いているの?

B:ええ,描いているわよ。私は私のイヌの絵を描いているの。

質問:エマは写真を撮っていますか。

(2)

🎵 A : What are you doing, Kevin?

B : I'm eating pizza. How about you, Mei?

A : I'm listening to music.

Q : What is Kevin doing now?

訳 A:あなたは何をしているの,ケビン?

B:ぼくはピザを食べているんだ。君はどう,メイ?

A:私は音楽を聞いているの。

質問:ケビンは今,何をしていますか。

2 (1)時刻を表すときは,主語は it を使う。

(2)「何時」とたずねるときは What time を文頭に置く。

(3) ⚠️ミス注意! 「~から…を持ってくる」は bring … from ~で表す。主語が Bob なので,brings とすることに注意。

(4)「~することができる」は can で表す。「~だけ」は only。

(5)「すばらしい。」とほめるときは That's great. と言う。

3 (1)〈Is＋主語＋動詞の –ing 形~?〉でたずねられたら is を使って答える。主語が女性で Yes で答えるときは Yes, she is. と言う。

(2)B が自分が今していることを答えているので,**What are you doing?**「あなたは何をしていますか。」とたずねる文にする。

(3)疑問文は〈be 動詞＋主語＋動詞の –ing 形~?〉で表す。主語が the students で複数なので,be 動詞は are を使い,Yes, they are. と答える。

4 (1)疑問文は〈be 動詞＋主語＋動詞の –ing 形~?〉で表す。

(2)否定文は be 動詞のあとに not を置き,〈主語＋be 動詞＋not＋動詞の –ing 形~.〉で表す。

(3)「ボブは何を食べていますか。」とたずねる文にする。**What** のあとに〈**be 動詞＋主語＋動詞の –ing 形~?**〉を続ける。

5 (1)疑問文は〈be 動詞＋主語＋動詞の –ing 形~?〉で表す。主語の someone「だれか」は単数扱いなので,be 動詞は is を使う。

(2)〈主語＋be 動詞＋動詞の –ing 形~.〉の語順。

(3)compete for a prize で「賞を競う」という意味。

(4)「彼女は何をしていますか。」という文。she は直前の文の a girl behind you を指す。

(5)直前の she's は she is を短くした形。be 動詞が直前にあるので,動詞を –ing 形にする。write は e をとって ing をつける。

(6)ケビンは Sounds interesting!「おもしろそうですね。」と言っているので,**イ**が適切。

6 (1)否定文は be 動詞のあとに not を置き,〈主語＋be 動詞＋not＋動詞の –ing 形~.〉の語順。

(2)疑問文は主語の前に be 動詞を置き,〈**be 動詞＋主語＋動詞の –ing 形~?**〉の語順。

(3)「だれも泳いでいません。」と否定の意味を表す文だが,主語が no one「だれも~ない」なので,〈主語＋be 動詞＋動詞の –ing 形~.〉の語順で表す。

7 (1)〈主語＋be 動詞＋動詞の –ing 形~.〉で表す。wash の –ing 形は washing。

(2)否定文は〈主語＋be 動詞＋not＋動詞の –ing 形~.〉で表す。study の –ing 形は studying。

(3) ⚠️ミス注意! 「何を」なので文頭に What を置くことに注意。主語が you なので,be 動詞は are を使う。eat の –ing 形は eating。have の –ing 形 having を使ってもよい。

Lesson 6 ～ Useful Expressions

p.46 ～ p.47 テスト対策問題

1 イ

2 (1)看板，標識　(2)いっぱいの，満腹で
(3)両方　(4)見事な　(5)それでは，それじゃ
(6)私のもの　(7)gate　(8)everything
(9)order　(10)took

3 (1)Can I　(2)How often　(3)May I
(4)times a

4 (1)Which T-shirt do you like?
(2)Who uses this computer?
(3)Why does Bob recommend the museum?

5 (1)that sign
(2)Which restaurant do you recommend
(3)あなたはなぜあのレストランを勧めるの
ですか。
(4)Because　(5)春巻

6 (1)May, take　(2)would, like
(3)I'd like　(4)right

7 (1)Whose guitar is this?
(2)It is[It's] mine.
(3)I drink a glass of milk every day.

解説

1 話題の中の人物が「何をほしがっているか」を
聞き取ることがポイント。

♪ A：I'd like an egg sandwich.
　B：All right. Would you like a drink?
　A：I'd like an apple juice.
　Q：Where are they talking?

訳 A：卵サンドイッチをお願いします。
　B：承知しました。飲み物はいかがですか。
　A：リンゴジュースを1つお願いします。
　質問：彼らはどこで話していますか。

3 (1)「～してもいいですか。」は **Can I ～?** で
表す。can は「～できる」という可能だけでな
く，「～してもよい」という許可の意味もある。
(2)「どのくらいよく」とたずねるときは How
often を文の始めに置く。
(3)「～してもよろしいですか。」と許可を求め
るときは **May I ～?** と言う。**May I ～?** は
Can I ～? よりもていねいな言い方。
(4)「週に～回」は～ time(s) a week で表す。

4 (1)「どの～」とたずねるときは，〈Which＋
名詞〉を文の始めに置く。
(2) ⚠ミス注意!「だれが」とたずねるときは Who
を文の始めに置く。**Who** が文の主語になって
いることに注意。
(3)「なぜ」と理由をたずねるときは **Why** を文
の始めに置く。

5 (1) it が指す内容は，それより前の文にある
ことが多い。この場合は，直前のボブの発言の
that sign を指す。
(2) ⚠ミス注意!「どの～」とたずねるときは，
〈Which＋名詞〉を文の始めに置き，疑問文の
語順にする。
(3)**Why** は「なぜ，どうして」と理由をたずね
る疑問詞。recommend は「～を勧める」とい
う意味。
(4)**Why ～?** とたずねられたら，**Because**「な
ぜなら～，～なので」のあとに理由を続ける。
(5)メイは最後の発言で，its spring rolls are
delicious と言っている。

6 飲食店での会話文。
(1)「～してもよろしいですか。」とていねいに
許可を求めるときは **May I ～?** と言う。
(2)「何になさいますか。」（＝「あなたは何がほ
しいですか。」）とていねいにたずねるときは
What would you like? と言う。
(3)「～をお願いします。」（＝「私は～がほしい
です。」）とていねいに伝えるときは **I'd like～.**
と言う。
(4)「承知いたしました。」と相手の要望に応え
るときは，**All right.** と言う。

7 (1)「だれの～」と所有者をたずねるときは
〈Whose＋名詞〉を文の始めに置く。
(2)「私のもの」は I「私は」の「～のもの」の
形である mine で表す。
(3)「グラス1杯の～」は a glass of ～で表す。
飲み物などの量を表すときに使う。

ポイント
・Lesson 1で学んだ疑問詞も再確認し，あ
わせて覚える。

p.48 ～ p.49 予想問題

1 (1)エ　(2)イ

2 (1)Can[May] I　(2)Who sings

(3)What, say　(4)How often　(5)times a

3 (1)Which did　(2)Why / Because
(3)would / I'd

4 (1)May I eat this cake?
(2)Who is that girl?
(3)Whose bag is this?[Whose is this bag?]

5 (1)yours　(2)whose phone　(3)took
(4)Yes, he did.　(5)ウ

6 (1)I studied English a lot.
(2)Who ate mango pudding?
(3)Would you like a glass of pineapple juice?

7 (1)Who lives in this house?
(2)Which song does your mother often sing?

解説

1 「どちらの」や「だれの」を聞き取ることがポイント。
(1)

♪ A：I like summer very much. How about you, Mei?
　B：I don't like summer. It's very hot. I like winter.
　Q：Which season does Mei like?

訳 A：ぼくは夏が大好きだよ。君はどう，メイ？
　B：私は夏は好きではないわ。とても暑いもの。私は冬が好きよ。
　質問：メイはどの季節が好きですか。

(2)

♪ A：You have a nice bike, Kenta.
　B：Thank you, Sophia. But it's not mine. It's my brother's bike.
　A：I see.
　Q：Whose bike is it?

訳 A：あなたはすてきな自転車を持っているわね，ケンタ。
　B：ありがとう，ソフィア。でもそれはぼくのものではないんだ。ぼくの兄の自転車だよ。
　A：なるほど。
　質問：だれの自転車ですか。

2 (1)「～してもいいですか。」は **Can I ～?** で

表す。
(2) **ミス注意!** 「だれが」とたずねるときは **Who** を文の始めに置く。**Who** が文の主語になっているので，動詞は主語が単数の場合の形(sings)を使うことに注意。
(3) **ミス注意!** 「～と書いてある」は say で表す。日本語につられて write としないように注意。
(4)「どのくらいよく」とたずねるときは How often を文の始めに置く。
(5)「月に～回」は～ time(s) a month で表す。

3 (1)2つのうち「どちらが」好きかたずねるときは **Which** を文の始めに置く。
(2)Aの do you study English hard とBの I want to live in America より，Aが英語を一生懸命勉強する理由をたずね，Bがその理由を答えていると考えられる。**Why**，**Because** でそれぞれ文を始める。
(3)like があることに注目。「何になさいますか。」とていねいにたずねるときは **What would you like?** と言う。「～をお願いします。」とていねいに伝えるときは **I'd like ～.** と言う。

4 (1)「～してもよろしいですか。」とていねいに許可を求めるときは **May I ～?** と言う。
(2) **Who** を文の始めに置き，「あの女の子はだれですか」とたずねる文にする。
(3) **Whose bag** を文の始めに置き，「だれのかばん」かをたずねる文にする。

5 (1)ケンタが No, it's not mine. と答えているので，yours を入れ，「このスマートフォンはあなたのものですか，ケンタ。」という文にする。
(2)「だれの～」と所有者をたずねるときは〈**whose ＋名詞**〉を文の始めに置く。
(3)過去の文なので，動詞を過去形にする。take は不規則動詞で，過去形は took。
(4)「ボブは彼のブログのために写真を撮りましたか。」という問い。ボブの最後の発言より，Yes で答える。
(5)ボブが Oh, it's mine. と言っているので，ウが適切。mine は「私のもの」という意味。

6 (1)動作について「たくさん」と言うときは，a lot を使う。補う語は a。
(2) **ミス注意!** 「だれが」とたずねるときは **Who** を文の始めに置く。**Who** が文の主語になって

いるので did は不要。

(3)「～はいかがですか。」とていねいにたずねるときは **Would you like ～?** と言う。「グラス1杯の～」は a glass of ～で表す。

7 (1)「だれが」とたずねるときは **Who** を文の始めに置く。**Who** が文の主語になっているので，動詞は主語が単数の場合の形(lives)を使うことに注意。

(2)「どの～」とたずねるときは，〈**Which**＋名詞〉を文の始めに置く。主語が「お母さん」なので，あとには does ～が続く。

Lesson 7 ～ Reading 2

p.52～p.53　テスト対策問題

1 イ

2 (1)隣人　(2)準備ができた
(3)重要な，大切な　(4)静かな
(5)～の内側に　(6)寂しい　(7)mean
(8)answer　(9)language　(10)bought

3 (1)take off　(2)stand for
(3)went into　(4)sat down

4 (1)must do a lot of homework
(2)You must not cross
(3)May I answer in Japanese?

5 (1)ペンギンたちはここを横断する必要があります[しなければなりません]。
(2)イ　(3)Drivers must go slowly

6 (1)have to　(2)able to

7 (1)Can，guess　(2)no idea

8 (1)She has to practice the piano.
(2)I may go to the library.
(3)You do not[don't] have to take off your shoes.

解説

1 話題の中の人物が「しなければいけないこと」を聞き取ることがポイント。

♪ A：Kenta, let's go to the zoo next weekend.
B：Sorry, Mei. I have to visit my grandpa on Saturday. On Sunday, I have to practice soccer.
A：I see.

Q：What does Kenta have to do next Sunday?

訳 A：ケンタ，今度の週末に動物園に行きましょうよ。
B：ごめん，メイ。土曜日はおじいちゃんを訪ねなければならないんだ。日曜日はサッカーを練習しなければならないんだ。
A：わかったわ。
質問：ケンタは今度の日曜日に何をしなければなりませんか。

3 (1)「～を脱ぐ」は take off ～と言う。
(2)「～を意味する」は stand for ～で表す。
(3)「～に入る」は go into ～と言う。
(4)**ミス注意!** 「席につく」は sit down と言う。過去の文なので過去形の sat にすることに注意。

4 (1)「～しなければならない」と言うときは，〈must＋動詞の原形〉で表す。
(2)「～してはいけない」と禁止するときは，〈must not[mustn't]＋動詞の原形〉で表す。
(3)「～してもよろしいですか」とていねいに許可を求めるときは，〈May I＋動詞の原形 ～?〉で表す。「日本語で」は in Japanese と言う。

5 (1)have to ～は「～する必要があります[しなければなりません]」。cross は「横断する」。
(2)I was just kidding. で「ほんの冗談だよ。」。kid は「冗談を言う」。
(3)「～しなければならない」は〈must＋動詞の原形〉の語順で表す。

6 (1)「私はスーパーマーケットで牛乳を買わなければなりません。」という文。〈must＋動詞の原形〉を〈have to＋動詞の原形〉に書きかえる。
(2)**ミス注意!** 「ソフィアは絵を上手に描くことができます。」という文。〈can＋動詞の原形〉を〈be able to＋動詞の原形〉に書きかえる。

7 (1)「～を推測する」は guess と言う。「～できますか」なので，助動詞 can で表す。
(2)「わかりません。」は I have no idea. と言う。

8 (1)「～しなければならない」は〈must＋動詞の原形〉または〈have to＋動詞の原形〉で表す。to を使って表すので，have to practice となる。主語が She なので，have は has にする。

　　A：わかったわ。では手伝う必要はないわ。
　　　　お姉ちゃんが手伝ってくれるかもしれな
　　　　い。

2 (1)「長い間」は for a long time と言う。

(2)「グラス1杯の～」は a glass of ～で表す。

(3)「～してもよろしいですか」とていねいに許
可を求めるときは，〈May I＋動詞の原形 ～?〉
で表す。

(4)「ほんの冗談だよ。」は I was just kidding.
と言う。

(5) ✗ミス注意!「～することができない」は
〈can't[cannot]＋動詞の原形〉または〈be able
to＋動詞の原形〉の否定文で表すことができる。
主語が they で複数，空所の直後に to がある
ことから，aren't able を入れる。

3 (1) stand for ～は「～を意味する」という意味。
答えがわからないときは I have no idea. と言
う。

(2)〈have to＋動詞の原形〉と〈can＋動詞の原
形〉を使った文にする。

(3) A が空を見て発言していることから，may
を入れ，「雪が降るかもしれません。」という文
にする。B も A の予想に同意しているので，
must を入れ，「私はセーターを持ってこなけ
ればなりません。」という文にする。

4 (1)「あなたはバイオリンを弾くことができま
すか。」という文。〈can＋動詞の原形〉を〈be
able to＋動詞の原形〉に書きかえる。主語が
you なので，be 動詞は are を使う。

(2) ✗ミス注意!「ケビンは何冊かのノートを買わ
なければなりません。」という文。〈must＋動
詞の原形〉を〈have to＋動詞の原形〉に書きか
える。主語が I と you 以外の単数なので，
have を has にすることに注意。

(3)「これらのサンドイッチを食べてもいいです
か。」という文。Can I ～?「～してもいいで
すか。」を May I ～?「～してもよろしいです
か。」に書きかえる。

5 (1)〈have to＋動詞の原形〉の疑問文の語順。

(2) may には「～かもしれない」と May I ～
? で「～してもよろしいですか。」という意味
がある。この場合は前者なので，「助けてくれ

---

(2)「～かもしれない」は〈may＋動詞の原形〉
で表す。

(3)「～する必要はない[～しなくてもよい]」は
〈don't have to＋動詞の原形〉で表す。

ポイント
・助動詞のあとは主語にかかわらず動詞の原
形が続く。

p.54 ～ p.55　予想問題 ❶

1 (1)ア　(2)イ　(3)ア

2 (1)for, time　(2)glass of　(3)May I
(4)just kidding　(5)aren't able

3 (1)for / no　(2)have / can
(3) may / must

4 (1)Are you able to play the violin?
(2)Kevin has to buy some notebooks.
(3)May I eat these sandwiches?

5 (1)do people have to learn
(2)ピクトグラムが助けてくれるかもしれま
せん。
(3)first time　(4)able　(5)ウ

6 (1)the boy may be lonely
(2)My father does not have to go
(3)went into the room and sat down
at

7 (1)You must not[mustn't] play baseball
in the park.
(2)Do you have to study math today?
(3)My grandmother is able to use a
computer.

解説

1 ケビンと彼のお母さんが「しなければいけな
いこと」を聞き取ることがポイント。

♪A：Kevin, can you help me? I have to
make a cake for my friend's birthday.
　B：Sorry, Mother. I'm doing my homework
now. I must do it by Tuesday.
　A：I see. Then you don't have to help
me. Your sister can help me.

訳 A：ケビン，手伝ってくれる？　友達の誕生
日のためにケーキを作らなければならな
いの。
　B：ごめんね，お母さん。今宿題をしている
んだ。火曜日までにやらなくてはいけな

るかもしれない」とする。

(3)「初めて」は for the first time と言う。

(4)前後に be 動詞と to があるので，able を入れて，「訪問者は例えば，救急室を簡単に見つけることができました。」という文にする。

(5)最終文を参照。first-aid room＝「救急室」

6 (1)「〜かもしれない」は〈may＋動詞の原形〉で表す。be 動詞の原形は be なので，may be lonely の語順。lonely＝「寂しい」

(2)「〜する必要はない」は〈doesn't[does not] have to＋動詞の原形〉で表す。

(3) ミス注意! 「〜に入った」は went into 〜。「席についた」は sat down。「テーブルに」は at the table。

7 (1)「〜してはいけない」と禁止するときは，〈must not[mustn't]＋動詞の原形〉で表す。

(2)「〜しなければならない」は〈must＋動詞の原形〉または〈have to＋動詞の原形〉で表す。to を使うので，have to study とする。

(3)「〜することができる」は〈be able to＋動詞の原形〉で表す。主語が I と you 以外の単数なので，be 動詞は is を使う。

p.56 〜 p.57 予想問題 ❷

1 (1)エ (2)ウ

2 (1)mustn't (2)visitor (3)feet
(4)thought (5)said

3 (1)for, time (2)take off
(3)jumped up (4)Were, able

4 (1)I must buy a souvenir for my family.
(2)Sophia may like *natto*.
(3)What does your name stand for?

5 (1)ア (2)went into a coffee shop
(3)bought
(4)彼女は年老いた女性のとなりのテーブルの席につきました。
(5)The old woman was very quiet.
(6)was at the old woman's feet

6 (1)The girl took a pen in her hand.
(2)Aya did not[didn't] have to get up early today.
(3)We must study many languages.
(4)I am[I'm] able to answer in English.

7 (1)(例)Yes, I am. / No, I am not[I'm not].
(2)(例)I have to wash my father's car.

解説

1 (1)ボブが「何」をすることができて「何」をすることができないか聞き取ることがポイント。

♪ A : Oh, Bob. You can write *hiragana* well.
B : Thank you, Aya. But I'm not able to write *kanji*. It's very difficult.
Q : Can Bob write *kanji*?

訳 A : まあ，ボブ。あなたはひらがなを上手に書けるのね。
B : ありがとう，アヤ。でも漢字を書くことはできないんだ。とても難しいよ。
質問：ボブは漢字を書くことができますか。

(2)ケンタが今日「何」をしなければならないかを聞き取ることがポイント。

♪ A : Hi, Kenta. You don't have tennis practice today. Why?
B : Because I have to do a lot of homework.
Q : What does Kenta have to do today?

訳 A : こんにちは，ケンタ。あなたは今日テニスの練習がないのね。なぜ？
B : なぜならたくさんの宿題をしなければならないからだよ。
質問：ケンタは今日何をしなければなりませんか。

2 (1) must not の短くした形は mustn't。

(2)動作と動作をする人。visit「〜を訪れる」に or をつけて visitor「来訪者，来園者」にする。

(3)単数形と複数形。foot は不規則に変化する名詞で複数形は feet。

(4)原形と過去形。think の過去形は thought。

(5)原形と過去形。say の過去形は said。

3 (1)「初めて」は for the first time。

(2) ミス注意! 「〜を脱ぐ」は take off 〜。off と of を間違えないように注意。

(3)「跳び上がる」は jump up と言う。

(4)「〜することができる」は〈be able to＋動詞の原形〉で表す。主語が you で過去の疑問文なので，Were you able to 〜? とする。

18

4 (1)「私は家族にみやげを買わなければなりません。」という文。〈have to＋動詞の原形〉を〈must＋動詞の原形〉に書きかえる。
(2)「～かもしれない」は〈may＋動詞の原形〉で表す。
(3) mean とほぼ同じ意味の 2 語は stand for。

5 (1)本文 3 行目に「メグはグラス 1 杯のジュースといくらかのクッキーを買った」とあるので，thirsty「のどが渇いた」が適切。
(2) go into～で「～に入る」という意味。「彼女はコーヒーショップに入りました。」という過去の文にする。
(3)過去の出来事を表すので過去形にする。buy は不規則動詞で過去形は bought。
(4) sat down は sit down の過去形で「席についた」，next to ～は「～のとなりに」という意味。
(5)「静かな」＝quiet
(6) ミス注意!「小さいイヌはどこにいましたか。」という質問。本文 2 行目に A small dog was at her feet. とある。ここでの her は the old woman's を表す。

6 (1)「～を手に取る」は take ～ in one's hand。
(2)「～する必要はない」は〈don't have to＋動詞の原形〉で表す。過去の文なので，don't ではなく didn't を使う。
(3)「～しなければならない」は〈must＋動詞の原形〉または〈have to＋動詞の原形〉で表すことができる。「5 語で」という指定があるので，must のあとに study many languages を続ける。
(4)「～することができる」は〈can＋動詞の原形〉または〈be able to＋動詞の原形〉で表すことができる。to を使って表すので，I'm able to answer とする。「英語で」は in English。

7 (1) ミス注意!「あなたは一輪車に乗ることができますか。」という質問。Yes または no で答えるが，主語が I になるので，be 動詞は am を使う。
(2)「あなたは次の日曜日に何をしなければなりませんか。」という質問。〈I have to＋動詞の原形～.〉で表す。

Lesson 8

p.60 ～ p.61 テスト対策問題

1 ウ
2 (1)計画　(2)引っ越す，移動する
(3)場面，場所　(4)現れる，見えてくる
(5)違い　(6)非常に大きい，巨大な
(7)camera　(8)tomorrow　(9)article
(10)situation
3 (1)a few　(2)came true
(3)between，and
4 (1)I am going to buy
(2)What are you going to cook
5 (1)will win　(2)will not
6 (1)moved to，last
(2)あなたたちはそこで何をするつもりですか。
(3)We're going to visit Asahiyama Zoo
(4)小学生
7 (1)going to　(2)Are，going
(3)of course　(4)will enjoy
8 (1)You should study English every day.
(2)He won't use his bike[bicycle] today.
(3)My brother and I are going to help her.

解説

1 ケンジが長野で「何をするつもりか」を聞き取ることがポイント。
A：Hi, Kenji.　You're going to go to Nagano, right?
B：Yes.　I'm going to take many pictures of the mountains.
A：Sounds nice.
Q：What is Kenji going to do in Nagano?
訳 A：やあ，ケンジ。あなたは長野に行くつもりなのよね？
B：うん。ぼくは山の写真をたくさん撮るつもりだよ。
A：すてきね。
質問：ケンジは長野で何をするつもりですか。
3 (1)「数日で」は a few（多少の）を使い，in a few days と表す。この in は経過時間や所要時

19

間について「～したら，～で」という意味。

(2)夢などが「実現する」は come true と言う。

(3)「～と…の違い」は「～と…の間の違い」と考え，difference between ~ and ...で表す。

4 (1)すでに決めた予定について「～するつもりです」と言うときは，〈be 動詞＋going to＋動詞の原形〉の語順で表す。

(2)「～するつもりですか」とたずねるときは〈be 動詞＋主語＋going to＋動詞の原形～?〉の語順で表す。「何を」とあるので，文の始めに **What** を置く。

5 (1)未来について「～だろう」と言うときは，〈will＋動詞の原形〉で表す。

(2)未来について「～ではないだろう」と言うときは，〈will not[won't]＋動詞の原形〉で表す。

6 (1)「～へ引っ越す」は move to ~ と言う。

(2)**What are you going to ～?**は「あなた[たち]は何を～するつもりですか。」という意味。

(3)「～するつもりです」と言うときは，〈be 動詞＋going to＋動詞の原形〉の語順で表す。

(4)アヤの最初の発言に，She was my classmate in elementary school. とある。elementary school は「小学校」。

7 (1)「～するつもりです」と言うときは，〈be 動詞＋going to＋動詞の原形〉で表す。

(2)「～するつもりですか」とたずねるときは，〈be 動詞＋主語＋going to＋動詞の原形～?〉で表す。2 つ目の空所の直後に **to** があるので，will を使わないように注意。

(3)「もちろん」は of course と言う。

(4)「～でしょうね」と未来の予想を言うときは，〈will＋動詞の原形〉で表す。

8 (1)「～すべきだ」と言うときは，〈should＋動詞の原形〉で表す。

(2)「～ではないだろう」と言うときは，〈will not[won't]＋動詞の原形〉で表す。

(3)「～するつもりです」と言うときは，〈be 動詞＋going to＋動詞の原形〉で表す。

ポイント
• be going to ～と will ～の文のつくりを区別する。

p.62 ～ p.63 予想問題

1 (1)イ (2)イ

2 (1)By, way (2)Here, are (3)At last
(4)between, and (5)should join

3 (1)Are they going to go to your house tomorrow?

(2)Jack will not[won't] become a good baseball player.

(3)What are you going to do next Sunday?

4 (1)Is, going (2)will, true
(3)Will, arriving

5 (1)with
(2)② lots of, spots ③ of course
(3)snowing (4)it will snow tomorrow
(5)ウ

6 (1)Kenta won't get up early tomorrow.
(2)You should read many books.
(3)Where is Aya going to go in

7 (1)You will[You'll] see many kinds of animals there.

(2)I am[I'm] going to draw sketches[a sketch] of these flowers.

解説

1 (1)ジャックが「何をするつもりか」を聞き取ることがポイント。

♪ A：I want to go shopping with you, Jack. Will you be busy this weekend?

B：Yes. I'm going to go to the museum with my grandparents.

Q：Is Jack going to go to the zoo with his grandparents this weekend?

訳 A：私はあなたと買い物に行きたいの，ジャック。あなたは今週末忙しい？

B：うん。祖父母と美術館に行くつもりなんだ。

質問：ジャックは今週末に祖父母と動物園に行くつもりですか。

(2)土曜日と日曜日の天気を聞き取ることがポイント。

♪ A：Let's play tennis on Saturday.

B：Sounds nice, but it will be rainy on Saturday. The weather will be good on Sunday.

A：Then let's play tennis on Sunday.

B : OK.

Q : What will the weather be on Saturday?

訳 A：土曜日にテニスをしましょう。

B：それはいいけど，土曜日は雨だよ。日曜日は天気がいいだろう。

A：では，日曜日にテニスをしましょう。

B：うん。

質問：土曜日の天気はどうなりますか。

② (1)「ところで」は by the way で表す。

(2)「はい，どうぞ。」と相手に差し出すときは，Here you are. と言う。

(3)「ついに」は at last で表す。

(4)「〜と…の間」は between 〜 and ... で表す。

(5) ミス注意！「〜すべきだ」と言うときは，〈should＋動詞の原形〉で表す。助動詞のあとの動詞は常に原形を使うことに注意。

③ (1)「〜するつもりですか」とたずねるときは，be 動詞を主語の前に置き，〈be 動詞＋主語＋going to＋動詞の原形〜?〉で表す。

(2)「〜ではないだろう」と言うときは，〈will not[won't]＋動詞の原形〉で表す。

(3)「私は次の日曜日にテニスを練習するつもりです。」という文。What のあとに〈be 動詞＋主語＋going to＋動詞の原形〜?〉を続け，「あなたは次の日曜日に何をするつもりですか。」とたずねる文にする。

④ (1)B が Yes, she is. と答えていること，A の発言に next year と未来を表す語句があることから，Is と going を入れ，「あなたのお姉[妹]さんは来年ロンドンで勉強するつもりですか。」とたずねる文にする。

(2)Your dream will come true.「あなたの夢は実現するでしょう。」という文にする。come true は「実現する」という意味。

(3)A は Will を入れ，「〜だろうか」とたずねる文に，B は動詞の –ing 形を入れて進行形の文にして，「彼はまもなく到着します。」と未来の予定を表す。

⑤ (1)「〜とともに」という意味の with を入れる。

(2)② 「たくさんの」は many, lots of, a lot of などの言い方があり，空所の数より lots of が適切。　③ 「もちろん」は of course と言う。

(3)be 動詞があるので進行形の文。–ing 形の

snowing にする。

(4)未来について「〜だろう」と言うときは，〈will＋動詞の原形〉の語順で表す。

(5)ハンナの最初の発言より，**ウ**が適切。

⑥ (1)「〜ではないだろう」は〈will not[won't]＋動詞の原形〉で表す。補う語は won't。

(2) ミス注意！「〜すべきだ」と言うときは，〈should＋動詞の原形〉で表す。to が不要。助動詞のあとの動詞は常に原形を使うことに注意。

(3)「どこ」Where のあとに〈be 動詞＋主語＋going to＋動詞の原形〜?〉を続ける。

⑦ (1)未来について「〜だろう」と言うときは，〈will＋動詞の原形〉の語順で表す。「たくさんの種類の」は many kinds of で表す。

(2)「〜するつもりです」と言うときは，〈be 動詞＋going to＋動詞の原形〉で表す。「スケッチを描く」は draw sketches で表す。

Lesson 9 〜 Further Reading

p.66 〜 p.67 テスト対策問題

① ア

② (1)〜を選ぶ　(2)将来，未来　(3)総計　(4)いずれにせよ　(5)とうとう　(6)突然　(7)finish　(8)problem　(9)ago　(10)grass

③ (1)got[were] tired　(2)You'd better　(3)fell asleep　(4)looking for

④ (1)The story sounds interesting.

(2)My father looked surprised.

⑤ (1)There are many good players in

(2)Is there a post office near the station

⑥ (1)通りにはたくさんのごみ箱がありますか

(2)there are　(3)イ

(4)No, there aren't.

⑦ (1)There is not[isn't] a supermarket near my house.

(2)How many chairs are there in the room?

⑧ (1)There is　(2)sounds nice

(3)Are there

⑨ (1)My father looked sick yesterday.

(2)How many students are there in

your school?

解説

1 「どこ」に何が「どのくらいの数」いるかを聞き取ることがポイント。

♪ *A*：Kevin, can you see any birds in that tree?

B：Yes. There are two birds.

A：I see.

Q：How many birds are there in the tree?

訳 A：ケビン，あの木に鳥が見える？

B：うん。2羽の鳥がいるよ。

A：わかった。

質問：木には何羽の鳥がいますか。

3 (1)「疲れる」は get tired と言う。この get は「(ある状態)になる」という意味。

(2)「～しなさい」と命令するときは，You had [You'd] better ～で表す。

(3) **ミス注意!**「眠りに落ちる」は fall asleep と言う。過去の文なので，過去形 fell にすることに注意。

(4)「～を探す」は look for ～と言う。進行形の文なので動詞は –ing 形にする。

4 (1)「～聞こえる」は，〈sound＋形容詞〉で表す。

(2)「～に見える」は，〈look＋形容詞〉で表す。

5 (1)「～がいる」と言うときは，There is[are] ～. で表す。many good players と複数なので，be 動詞は are を使う。

(2)「～がありますか」とたずねるときは，Is[Are] there ～? で表す。a post office と単数なので，be 動詞は is を使う。

6 (1)**Are there ～?** は複数の人やものについて「～がいますか[ありますか]」とたずねる文。trashcan は「ごみ箱」。

(2)**Are there ～?** でたずねられ，Yes で答えるときは，**Yes, there are.** と言う。

(3)look を入れて，「しかし通りはきれいに見えます」という文にする。〈look＋形容詞〉で「～に見える」という意味。

(4)「日本の通りにはたくさんのごみ箱がありますか。」という質問。ボブの最後の発言より，**No, there aren't.** と答える。

7 (1)There is[are] ～. の否定を表す文は，be 動詞のあとに not を置く。

(2) **ミス注意!**〈How many＋名詞の複数形＋are there ...?〉で「…に～はいくつありますか」とたずねる文にする。**How many** のあとの名詞を複数形にすることに注意。

8 (1)「～がある」は，**There is[are] ～.** で表す。単数なので，be 動詞は is を使う。

(2)「それはすてきに聞こえます。」は〈sound＋形容詞〉で表す。

(3)「～がありますか」とたずねるときは，**Is[Are] there ～?** で表す。many kinds of curries と複数なので，be 動詞は are を使う。

9 (1)「～に見える」と言うときは，〈look＋形容詞〉で表す。「病気の」は sick。

(2)「…に～は何人いますか」は〈How many＋名詞の複数形＋are there ...?〉で表す。

ポイント

• 存在することを伝える名詞が単数か複数かによって be 動詞を使い分ける。

p.68～p.69 予想問題 ❶

1 (1)ア (2)イ (3)イ

2 (1)ア，is (2)イ，a (3)ウ，there

3 (1)asked for (2)died of

(3) sounds scary (4)brought, home

(5) other hand

4 (1)There are a lot of tall trees in the park.

(2)Are there two koalas in the zoo?

(3)The small girl looked very happy.

5 (1)①woke ⑤gave ⑥became

(2)そのひしゃくはきれい[清潔]で新鮮な水でいっぱいでした。

(3)the water

(4)There was a little dog under her feet

(5)イ

6 (1)have to give this book back to Mei

(2)How many rooms are there in your house?

(3)There was not much water in the glass.

7 (1)Did his idea sound interesting?

(2)**There are at least two computers in every classroom.**

解説

1 町にある「図書館の数」や「何があるか」を聞き取ることがポイント。

♪ A : Kenta, are there any good libraries in our town?

B : Yes, Mei. There are two libraries in our town, Minami Library and Kita Library.

A : Which is better? I want to read English books.

B : There are many English books in Kita Library.

A : I see. Then I'm going to go there.

訳 A : ケンタ，私たちの町によい図書館はある？

B : うん，メイ。ぼくたちの町には，南図書館と北図書館の２つの図書館があるよ。

A : どちらがの方がよいかしら？　私は英語の本を読みたいの。

B : 北図書館にはたくさんの英語の本があるよ。

A : わかったわ。じゃあそこへ行くわ。

2 (1) one person なので，**ア**の are を is に直す。

(2) **ミス注意!** **There is[are] ～.** は特定のものや人については使わないので，**イ**の the を a に直す。

(3) **Are there ～?** には **Yes, there are.** または **No, there are not[aren't].** で答えるので，**ウ**の it を there に直す。

3 (1)「～を求める」は ask for ～で表す。

(2)「～で死ぬ」と言うときは，die of ～と言う。

(3)「～に聞こえる」と言うときは，〈sound＋形容詞〉で表す。

(4)「～を家に持ち帰る」は bring ～ home で表す。

(5)「これに対して」は on the other hand で表す。

4 (1) **ミス注意!** a lot of ～は「たくさんの～」という意味なので，**There are ～.** の文に書きかえる。tree を複数形の trees にすることにも注意。

(2) **There are ～.** の疑問文は，be 動詞を there

の前に置き，**Are there ～?** とする。

(3)「～に見える」と言うときは，〈look＋形容詞〉で表す。

5 (1)過去形にする。いずれも不規則動詞で，wake-woke, give-gave, become-became。

(2) be full of ～は「～でいっぱい」という意味。

(3)直前の文の the water を指す。

(4) **There was ～.** の語順で表す。under her feet は「彼女の足の下に」という意味。

(5)本文４行目を参照。pitiful＝「かわいそうな」

6 (1)「～を…に返す」は give ～ back to …の語順で表す。「～しなければならない」は〈have to＋動詞の原形〉。

(2)「…に～はいくつありますか」とたずねるときは，〈**How many＋名詞の複数形＋are there** …**?**〉の語順で表す。

(3)「グラスにはたくさんの水が入っていませんでした。」と考える。水のような数えられない名詞を「たくさんの」と言うときは，much を使う。

7 (1)「～聞こえる」と言うときは，〈sound＋形容詞〉で表す。

(2) **There are ～.** で表す。「少なくとも」は at least，「教室ごとに」は in every classroom で表す。

p.70～p.71 予想問題 ❷

1 (1)エ　(2)ア

2 (1)aren't　(2)finish　(3)late
(4)became　(5)rose

3 (1)same time　(2)looked for
(3)looked excited　(4)fell asleep

4 (1)**There are not[aren't] ten boys in our club.**
(2)**How many apples were there on the table?**
(3)**There are two libraries in our city.**

5 (1)①エ　④イ
(2)②**What is**　⑤**Why is**
⑥**Because, get**
(3)あなたは悲しそうに見えます。

6 (1)**The story didn't[did not] sound interesting.**

(2) You mustn't bring these pens home.

(3) There were three boys in the park.

(4) Are there many Japanese restaurants in your country?

7 (1)(例)Yes, there is. / No, there is not[isn't].

(2)(例)There are twenty CDs in my room.

解説

1 (1)サオリの祖父が「どのように見えたか」を聞き取ることがポイント。

♪ Yesterday, Saori went to her grandfather's house. He was sick last week, but he looked fine yesterday. Saori was happy.

Q：Did Saori's grandfather look sick yesterday?

訳 昨日，サオリは祖父の家に行きました。彼は先週病気だったのですが，昨日は元気そうに見えました。サオリはうれしかったです。

質問：サオリの祖父は昨日病気に見えましたか。

(2)コウジの部屋に「何さつの本があるか」を聞き取ることがポイント。

♪ Koji likes reading books. There are about sixty books in his room. He likes the books about science, and there are thirty-two books about it.

Q：How many books about science are there in Koji's room?

訳 コウジは本を読むことが好きです。彼の部屋には約 60 さつの本があります。彼は科学についての本が好きで，それについての本を 32 さつ持っています。

質問：コウジの部屋には科学についての本が何さつありますか。

2 (1) are not の短くした形は aren't。

(2)反対の意味の語。start「始める」の反対は finish「終える」。

(3)反対の意味の語。early「早く」の反対は late「遅(おそ)く」。

(4)原形(もとの形)と過去形。become の過去形は became。

(5)原形と過去形。rise の過去形は rose。

3 (1)「同時に」は at the same time と言う。

(2)「～を探す」は look for ～。過去の文なので looked にする。

(3) ✐ミス注意!「～に見える」と言うときは，〈look＋形容詞〉で表す。「興奮して」は excited。exciting「わくわくさせるような」と混同しないよう注意。

(4)「眠りに落ちる」は fall asleep と言う。過去の文なので過去形 fell にする。

4 (1) There is[are] ～. の否定を表す文は，be 動詞のあとに not を置く。

(2) ✐ミス注意!〈How many＋名詞の複数形＋are there ...?〉(…に～はいくつありますか)とたずねる文にする。How many のあとの名詞を複数形にする。

(3) There is[are] ～. の文に書きかえる。two libraries なので be 動詞は are を使う。

5 (1)① on を入れて「ポーチの上に」とする。④ of を入れて「1 日の中で」とする。

(2)②「どうしたの。」は What is the matter? と言う。⑤「なぜ」は why を使って表す。⑥「なぜなら～」は because を使って表す。

(3)〈look＋形容詞〉で「～に見える」という意味。

6 (1)「～聞こえる」と言うときは，〈sound＋形容詞〉で表す。「聞こえませんでした」なので did not[didn't]を使って否定の文で表す。

(2)「～を家に持ち帰る」は bring～home で表す。

(3) ✐ミス注意! There is[are] ～. の文。「いました」なので be 動詞は were を使うことに注意。

(4)複数のものについて「～がありますか」とたずねるときは Are there ～? と言う。

7 (1)「あなたの部屋にエアコンはありますか。」という質問。Yes there is. または No, there is not[isn't]. で答える。

(2) There is[are] ～. で答える。Yes または No ではなく，具体的な数を答えることに注意。